리빙 이즈 다잉

리빙 이즈 다잉

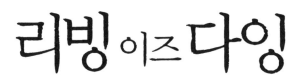

Living is Dying

삶의 마무리를 위한 지침

종사르 잠양 켄체 지음

수연 옮김

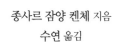

리빙 이즈 다잉

삶의 마무리를 위한 지침

2023년 6월 15일 초판 1쇄 발행

지은이 종사르 잠양 켄체
옮긴이 수연

펴낸곳 도서출판 팡세

　　　　　등록　2012년 8월 23일 / 제2012-000046호
　　　　　주소　서울시 강서구 공항대로 382 102동 1701호
　　　　　전화　02) 6339-2797
　　　　　팩스　02) 333-2791
　　　　　전자우편 pensee-pub@daum.net

ISBN 978-89-98762-11-7

추천사

우리 모두는 예외 없이 죽는다. 죽음의 필연성은 태어난 순간부터 작동하는데, 우리가 죽음을 두려워하는 이유는 죽음 이후에 대해 아무것도 모르기 때문이다. 태어나면 반드시 죽고 죽음을 맞이하면 반드시 다시 태어난다. 이 시지프스적 반복의 고리를 끊는 길은 삶과 죽음이 모두 환영이라는 것을 알고 공성을 깨닫는 것이다.

이 책의 장점은 불자이건 아니건 이해하기 쉬운 내용으로 구성되어 있다는 것이다. 불교적 전통에 포함되어 있지 않은 사람들도 쉽게 이해할 수 있도록 하려는 종사르 켄체 린포체의 자비심 덕분이라고 생각한다. 언젠가는 반드시 죽는다는 것을 아는 것이야말로 죽음에 대한 마비된 두려움을 극복하고 삶을 최대치로 활용하는 데 도움이 된다는 것이 이 책의 핵심 내용이다.

얼핏 역설적으로 보이는 『리빙 이즈 다잉Living Is Dying』은 죽음과 직면할 때 우리가 가져야 하는 태도, 죽어가는 자가 지켜야 하는 내용, 사자死者를 돌보는 절차 및 바르도 기간 동안의 지침 등이 잘 설명되어 있고 실제적으로 도움이 될 수 있는 기도, 공양, 진언, 수행법 등도 소상하게 소개되어 있다.

부처님은 "마음을 다스리는 수행 중에 죽음에 대한 수행이 최고다"라고 말씀하셨다.

살아 있는 동안 죽음과 바르도를 준비하는 것은 더 나은 삶을 준비하는 것이다.

다시 태어나지 않을 원인과 조건을 모아야 죽음을 향해 가는 시간이 외롭거나 무의미하지 않을 것이다. 나와 죽음과의 거리는 늘 멀리 있다고 애써 외면하며 살고 있는 우리 모두에게 일독을 권한다.

2023년 봄
영화감독 임순례

서문

죽음은 삶의 반대가 아닌 삶의 일부다.[1]

_무라카미 하루키

불자들에게 죽음의 과정에 대해 주어진 지침은 죽어가는 과정, 죽음의 순간, 사후死後가 모두 같다. 나이가 들어 수면 중에 평화롭게 사망하거나 예기치 않게 죽거나 죽음으로 이끄는 원인과 조건이 성숙한 것은 모두 마찬가지다.

이 책은 뛰어난 불교 사상가들의 법맥 전승을 통해 전해 내려오는 불교 가르침의 오랜 전통을 구체적이지만 아주 간단하게 설명한다. 불교 사상가들은 저마다 죽어감과 죽음, 그리고 그 너머에 대한 것을 모든 각도에서 자세하게 분석하기 위해 많은 노력을 기울였다. 그들의 조언은 불자들이나 불법에 이끌리는 사람들에게 특히 유용하지만, 죽음을 맞이할 모두와 연관이 있다. 불자가 아니더라도 호기심이 많거나 열린 마음의 소유자이거나 자신의 죽음이나 사랑하는 이의 죽음을 염두에 둔 사람이라면 이 책이 도움이 될 것이다.

삶과 죽음에서 일어나는 모든 일은 우리가 쌓아온 원인과 결과에 의해 일어난다. 그리하여 육신의 죽음과 몸의 구성원소가 은멸隱滅하는 과정은 사람마다 다를 수밖에 없다. 바르도를 겪는 과정 또한 모두 다르다. 그래서 죽어가는 것과 죽음, 바르도에 대한 묘사는 일반화된 것일 수밖에 없다. 그렇다 하더라도 죽음의 과정이 시작될 때 무슨 일이 벌어질지 대략적으로나마 알고 있다면 최악의 두려움을 완화하는 데 큰 도움이 될 뿐만 아니라 차분하고 침착하게 죽음에 직면하는 데에도 도움이 될 것이다. 대부분의 정통 불교 전통은 기본적으로 동일한 내용을 말하지만 각각 고유한 언어와 용어가 개발되었기에 일부 세부적인 사항이 다르게 보일 수 있다. 이러한 차이를 모순이라 오해하지 않길 바란다.

이 책에서 사용된 일관되지 않은 산스크리트어 철자와 분음 기호에 대해 언급해야겠다. 보통 산스크리트어를 데바나가리 문자 대신 로마자로 표기할 때 분음 기호는 독자가 단어를 정확하게 발음하도록 하기 위해 사용한다. 요즘에는 산스크리트어에 대한 연구가 비교적 드물기 때문에 분음 기호를 읽을 수 있는 사람이 거의 없다. 때로 그 구불구불한 선과 점들이 혼란을 가중시키기도 한다. 따라서 본문에 나오는 산스크리트 용어나 신과 본존의 불호佛號 등에는 분음 기호를 적용하지 않았다. 그러나 일부 인용 문장에서는 유지하는 경우가 있으며 또한 산스크리트어의 티벳식 철자법을 사용하는 경우(예를 들어 훔hum 대신 흥hung으로 표기)에도 철자를 그대로 표기했다.

역설적이게도 나는 늘 바쁘지만 몹시 게으르다. 이 양극단을 조율하는 것은 꽤나 어려운 일이므로 이 책의 상당 부분을 소셜네트워킹

앱으로 작성하게 되었다. 나의 영어가 그나마 읽을 만한 것은 재닌 슐츠, 세라 K. C. 윌킨슨, 치메 메톡, 빼마 마야와 세라 A. 윌킨슨 덕분이다.

이 책의 틀은 많은 친구들이 물어본 죽음에 관한 백여 개의 훌륭한 질문에 대한 답변으로 이루어져 있다. 나의 중국 친구들 제니퍼 치, 제인 W., 돌리 V. T., 그리고 독일의 배드 새로의 수카바띠에 있는 필립 필리포우와 스피리추얼 케어 팀, 족첸 베어라에 있는 크리스 와이트사이드와 스피리추얼 케어 팀, 베를린 보디차르야 호스피스에 있는 미리암 포코라, 그리고 실로스 랑겐베르크의 법회에 참석한 모든 이에게 특별히 고마움을 전한다.

또한 오갠 톱걀 린포체, 빼마 최된, 켄뽀 소남 따시, 켄뽀 소남 푼촉, 땅통 뚤쿠, 얀 디보신, 그들의 번역을 공유한 아담 피어시, 에릭 빼마 쿤상, 존 캔티와 래리 머멜스테인, 도움과 조언을 나누어준 제인 W., 츄 수칭과 베라 호, 플로렌스 고, 크리스 야오, 파라비 윙치라 차이, 세이코 사쿠라기, 루이 파로 새라이바, 친절하게 환대를 베풀어준 세실 호헨로히와 그의 가족, 비르 싱과 바나Vana의 모든 구성원, 디자인과 서체를 만들어준 안드레아 슐츠, 그리고 아름다운 사진들을 제공해준 아르준 카이커와 타라 디 게수에게도 고마움을 전한다.

| 차례 |

찬나와 함께 궁을 나온 싯다르타 왕자

1
나는 죽을까?

싯다르타 왕자는 태어난 후 30년 동안 부친인 정반왕의 화려한 궁전에서 풍족한 삶을 누렸다. 누구에게나 사랑과 존경을 받는 이 잘생긴 왕자는 아름다운 공주와 결혼하여 아들을 낳고 행복하게 살았다. 하지만 왕자는 단 한 번도 성 밖에 나가보지 못했다.

싯다르타는 30세가 되던 해에 충직한 마부 찬나에게 왕궁을 나가 아버지의 도시를 보고 싶다고 말했다. 궁 밖에서 시체를 처음 본 싯다르타는 크나큰 충격에 빠졌다.

"저 남자에게 일어난 일이 나에게도 일어날까? 나도 죽을까?"

"예, 왕자님, 모든 사람은 죽습니다. 왕자라 할지라도요."

"찬나, 마차를 돌려라. 궁으로 돌아가겠다."

궁으로 돌아온 싯다르타는 목격한 것을 떠올리며 생각에 잠겼다. 가족뿐 아니라 이 지구상의 모든 이가 죽음이라는 끔찍한 공포의 그림자 아래 살아야 하는데, 왕이 되는 것이 무슨 의미가 있으랴? 싯다르타는 모든 이를 위해 사람이 태어남과 죽음을 어떻게 뛰어넘을 수 있을지 발견하기 위해 자신의 삶을 바치겠다고 결심했다.

이 유명한 일화에는 많은 가르침이 담겨 있다. 싯다르타 왕자가 "나도 죽을까?"라고 물었다는 사실은 순진무구할 뿐만 아니라 놀랍도록 용감하다. "나도 죽을까? 전륜성왕轉輪聖王이 될 운명인 석가족 미래의 왕이, 죽는다고?" 왕족부터 우리와 같은 보통 사람에 이르기까지 몇이나 이런 질문을 던질 생각을 할까?

그 질문은 용감했지만 왕궁으로 데려다달라는 왕자의 태도가 조금 유치하게 보일 수도 있다. 어른이라면 황당한 내용을 좀 더 성숙하게 다루어야 하지 않을까? 하지만 어른들 중 몇이나 "나도 죽을까?"라는 괴로운 질문을 하겠는가? 얼마나 많은 이가 그 답을 검토하고 숙고하기 위해 즐거운 외출의 횟수를 줄이겠는가?

인간은 스스로 매우 똑똑하다고 생각한다. 우리가 만든 모든 시스템과 네트워크를 보라. 우리는 편지와 택배를 받을 수 있는 주소와 돈을 안전하게 보관할 수 있는 은행 계좌를 가지고 있다. 인류는 손목시계를 발명하여 시간을 알 수 있게 되었고, 휴대전화를 발명하여 친구·지인·사업 파트너·가족과 연락을 주고받을 수 있게 되었다. 또한 경찰이 공공질서를 유지하고, 신호등이 도로교통의 흐름을 통제하며, 정부가 사회복지와 방어 시스템을 관리하는 등 사회가 원활하게 운영될 수 있도록 체계를 구축했다. 그러나 세상의 모든 측면을 조직하고, 설계하고, 구조화하는 데 노력해온 우리 인간 중에서 몇이나 "나는 죽을까?"라고 물을 만큼 호기심과 용기가 있을까? 우리 모두는 적어도 이번 생에 한 번쯤은 죽음의 필연성을 심사숙고해봐야 하지 않을까? 특히 모두가 죽는다는 것 자체는 결정적으로 중요한 정보다. 그러니 자신의 죽음이라는 피할 수 없는 진실을 다루는 데 조금이나마 노력을 기울이는 것이 이치에 맞지 않을까?

우리가 죽으면 주소와 집, 사업과 휴가 계획 등 모든 것은 어떻게 될까? 손목시계, 휴대전화, 신호등은 어떻게 될까? 보험과 연금은? 오늘 아침에 산 치실은?

불자들은 이 행성의 모든 존재 중에서 인간만이 "나는 죽을까?"라고 물을 가능성이 가장 높다고 믿는다. 앵무새가 '오늘 밤 죽을 경우에 대비해서 지금 당장 견과류와 씨앗을 먹어야 할까, 아니면 내일까지 아껴놓아야 할까?'라고 생각하는 것을 상상할 수 있는가? 동물들은 그렇게 생각하지 않는다. 그들은 원인과 조건에 대해 생각하지 않는다.

불법佛法에 따르면 신들과 천상의 존재들은 "나는 죽을까"라고 묻는 것은 생각조차 하지 않는다고 한다. 신들은 매우 청결해서 고급 도자기와 은수저, 정성 들여 우린 차茶와 매혹적인 음악에 더 관심이 많다. 신들은 거대한 구름이 만들어지는 것을 지켜보기를 좋아하며, 넓고 푹신한 곳에 마법으로 수영장이나 분수를 만든 다음 몇 시간 또는 며칠 동안 아름다움에 빠져들기를 좋아한다. "나는 죽을까?"라고 묻는 것보다 이런 행동이 훨씬 흥미롭다. 죽음에 대한 생각은 그들의 머릿속에 떠오르지 않을 것 같다.

반면에 인간은 죽음에 의문을 품는 능력을 가지고 있지만 좀처럼 자신의 죽음을 냉철하게 보지 않는다. 우리는 언제 죽음에 대해 생각하는가? 끔찍한 고통을 겪는 동안? 아닐 것이다. 황홀한 행복을 느낄 때? 역시 아니다. 지적이고 자각능력이 있는 우리는 이 같은 질문을 할 수 있는 조건들을 즐겁게 누리면서도 모든 시간과 에너지를 자신이 결코 죽지 않을 것이라는 자기기만에 쏟는다. 바쁘고 즐거운 마음으로 생활하며, 미래를 위한 계획을 꼼꼼히 세움으로써 피할 수 없는 현실의 고통으로부터 자신을 무감각하게 만든다. 어떤 면에서 이는 인간을 무척 멋지게 만들지만 그릇된 안도감도 만든다. 자신의 죽음과 사랑하는 모든 이의 죽음을 피할 수 없다는 것을 잊는다.

생각해보자. 25년 정도 사는 동안 적어도 친구 한 명이나 가족을 잃을 수 있다. 어느 날 부모님과 저녁을 먹었는데, 다음 날 그분들이 돌아가셔서 다시는 보지 못할 수 있다. 죽음의 진리를 직시하도록 강요하는 이 경험이 어떤 이에게는 매우 쓰라리고 무서운 진실이 될 수 있다.

죽음의 두려움

죽음을 두려워하는 것은 자신이 지혜롭지 않은데 지혜롭다고 생각하는 것, 모르는 것을 안다고 생각하는 것과 다름없다. 죽음이 인간에게 가장 큰 축복이 아닐 수 있는지는 아무도 모르지만, 인간은 죽음이 가장 큰 재앙이라며 마치 아는 것처럼 두려워한다. 그것이야말로 모르면서도 안다고 믿는 자의 가장 비난받아야 할 무지다.[1]

_ 소크라테스

왜 우리 모두는 죽음을 두려워할까?

여러 이유가 있지만, 무엇보다 죽음이 전혀 알 수 없는 영역이라는 점 때문이다. 죽음에서 돌아와서 죽음이 무엇이라 말해준 이가 아무도 없다. 설령 누군가 그렇게 했더라도 그들을 믿을 수 있을까?

죽음은 불가사의하고 죽었을 때 무슨 일이 일어날지 모르지만, 죽음에 대해 온갖 추측을 한다. 일단 죽으면 집에 갈 수 없을 것이라 가정한다. 죽는 순간부터 내가 가장 좋아하는 소파에 앉지 못할 것이다. 우리는 생각한다. 만약 내가 죽으면, 다음 올림픽 게임을 시청할 수 없고 새로운 스파이 시리즈에서 누가 주인공인지 알 수 없을 것이다. 우리는 그저 추측할 뿐이다. 결론은 '우리 모두는 모른다'는 것이다. 이 모르는 것이 우리를 두렵게 한다.

죽음이 다가옴에 따라 많은 이가 자신의 삶을 돌아보며 했던 일들과 하지 않았던 일들을 두고 자책하고 죄책감을 느낀다. 이 생에서 집착했던 모든 것과 판단의 기준이 된 모든 것을 잃는 것이 두려울 뿐 아니라 부끄러운 행동에 대한 평가를 받는 것도 두려워한다. 이 두 가지 관점은 죽음을 더욱 무섭게 만든다.

죽음은 돌이킬 수도 없고 죽음에는 탈출구도 없다. 죽음은 인생에서 직면할 수밖에 없는 유일한 사건이다. 우리는 죽음을 피할 수 없다. 자살로 죽는 과정을 가속화하려 시도해보았자 소용이 없다, 인간이 아무리 빨리 죽는다 해도 공포에는 '꺼짐' 스위치가 없기 때문이다. 아무것도 느끼지 못하는 조약돌과 같은 무생물로 변신할 수 없기 때문에 죽을 때 동반되는 상상할 수 없는 두려움을 경험해야 한다.

그렇다면 우리는 어떻게 우리를 마비시키고 무감각 상태에 빠뜨리는 죽음의 공포에서 벗어날 수 있을까?

장자莊周는 꿈에서 나비가 되어 기분 좋게 훨훨 날아다녔다. 장자는 스스로 만족하여 자기가 누구인 줄도 몰랐다. 이윽고 깨어보니 장자 자신이 분명했다. 알지 못하겠구나. 꿈에서 장자가 나비가 되었는지, 나비가 장자가 되었는지! 장자와 나비는 형태상 확실히 구별할 수 있을 것이다. (그러나 주체로서의 자신에게는 변화가 없다) 이것을 '물화物化'라고 한다.2

나비 꿈(호접몽胡蝶夢)

이 유명한 중국 철학자의 질문은 숙고해볼 만한 충분한 가치가 있다. 나비를 볼 때 자신이 나비 꿈의 작은 부분이 아니라는 것을 어떻게 알 수 있을까? 지금 '살아 있다'고 생각하는 이유는 무엇인가? 자신이 '살아 있다'는 것을 어떻게 확신할 수 있는가? 그럴 수 없다. 우리가 할 수 있는 일은 오직 '가정假定'하는 것뿐이다.

생각해보자! 어떻게 자신이 살아 있고 존재하는지 스스로 증명할 수 있을까? 자신이 꿈을 꾸고 있는 것이 아닌지 확인하는 방법 중 하나는 자신을 꼬집는 것이다. 어떤 사람들은 살아 있다는 것을 느끼기 위해 자신의 살을 베거나 심지어 손목을 베기도 한다. 조금 덜 드라마틱하게는 쇼핑을 하거나, 결혼을 하거나, 배우자와 다투는 것이다. 이러한 방법을 시도하는 것을 막을 방법은 없다. 하지만 실컷 싸우고 베고 꼬집더라도 자신이 살아 있다는 것을 확실히 증명할 수는 없다. 대부분의 사람들이 그렇듯 우리는 계속해서 죽음을 두려워한다.

부처님께서는 이를 집착이라 하셨다. 우리는 자신이 존재한다는 것을 스스로에게 증명하기 위해 사용하는 방법에 집착한다. 자신이 상상하는 모든 것과 느끼고, 보고, 듣고, 맛보고, 만지고, 가치 있게 여기고, 판단하는 등의 모든 것은 우리가 처한 환경과 문화, 가족과 인간의 가치에 의해 영향을 받는다. 이러한 영향과 조건을 정복함으로써 죽음의 두려움도 정복할 수 있다. 이는 불자들이 적은 노력과 지출이 필요 없는 이원적 분별로부터 스스로를 해방시킨다고 묘사하는 내용이다.

자신에게 이렇게 물어보자.

지금 현재 내가 여기에 있는 게 확실한가?

내가 살아 있는 것이 확실한가?

단지 이 두 가지 질문을 하는 것만으로 자신의 모든 믿음에 구멍을 뚫기 시작할 것이다. 구멍을 더 많이 뚫을수록 조건 지어진 자신에게서 더 빨리 벗어날 수 있다. 이렇게 함으로써 불자들이 말하는 '공성空性에 대한 이해'에 훨씬 더 가까이 다가갈 수 있다. 왜 공성에 대한 이해가 필요할까? 공성을 이해하고 깨달음으로써 마침내 죽음에 대한 마비된 두려움뿐 아니라 자신이 살아 있다는 무감각한 가정도 정복할 수 있기 때문이다.

자신이 누구든지, 누구라고 믿든지 자신에게 붙이는 가명에 대한 가정은 진정한 '자신'이 아니며 모두 추측일 뿐이다. 바로 이 추측, 즉 가정·믿음·가명 등이 윤회계의 환영幻影을 만든다. 비록 우리를 둘러싼 세상과 그 안에 존재들이 '나타나지만', 그중 어떤 것도 '존재'하지 않는다. 모두 합성되고 조작된 환영이다. 이 진실을 머리만이 아닌 실재로 받아들인다면, 두려움이 사라질 것이다. 삶이 환영인 것처럼 죽음도 환영임을 보게 될 것이다. 설령 이 견해를 온전히 깨닫지 못하더라도 이에 익숙해지는 것만으로도 죽음에 대한 두려움이 기하급수적으로 줄어들 것이다.

이 내용은 반복할 가치가 있다. 두려움은 불합리하고 불필요하다, 특히 죽음에 대한 거대한 두려움 덩어리는 나타나고 존재하는 모든 것이 단지 학습되고 조작된 환영일 뿐임을 진정으로 받아들이면 즉

시 용해될 것이다.

그렇다면 어떻게 해야 인생에서 경험하는 모든 것(삼사라samsara)이 환영임을 받아들일 수 있을까?

인생은 환영

삶과 죽음의 환영과 같은 본성을 온전히 깨닫길 원하는 이들을 위한 많은 방편이 있다. 사실 부처님의 모든 가르침은 유일한 목적이 윤회계의 현상이 환영임을 깨닫는 것이다.

우리 중 누구도 충분히 들어보지 못한 주제인 '삶과 죽음이 환영'이라는 것에 대해 가능한 많은 정보를 듣는 것으로 시작해보자. 그리고 듣는 것이[聞] 전통적인 수행이 아니라는 실수를 범하지 않기를 바란다. 왜냐하면 그 반대이기 때문이다.

다음으로 들은 내용을 숙고하고[思] 책을 읽음으로써 더욱 많이 익힌다.

끝으로 가장 중요한 것은 배웠던 것에 익숙해지는[修] 것이다. 어떻게 익숙해질까?

인생은 한낱 꿈과 같다는 생각에 익숙해지기 위한 많은 방편이 있다. 가장 단순하고 효과적인 방법은 몇 가지 질문을 하는 것이다. 그냥 물어보자. 해답을 내놓을 필요가 없다.

장자 따라 하기

장자처럼 나비를 바라보며 자신에게 묻는다.

나비가 내 꿈을 꾸는 것인가? 내가 나비 꿈을 꾸는 것인가?

자신을 꼬집어보기

부드럽게 또는 아프게 자신을 꼬집어보고 자신에게 이렇게 묻는다. 꼬집는 이는 누구인가? 누가 아픔을 느끼는가?

생각을 알고 지켜보기

이 순간, 당신은 어떤 생각을 하고 있을 것이다. 그 생각을 하고 있다는 것을 알자.

만약 나쁜 생각을 하고 있다면, 그것과 다른 생각(좋은 생각이거나 나쁜 생각이거나)을 하도록 이끌지 말아야 한다. 그 나쁜 생각이 무엇이든, 그냥 본다.

좋은 생각을 하고 있더라도, 그냥 본다.

만약 자동차 열쇠를 생각한다면, 자동차 열쇠를 생각한다는 것을 알면 된다.

자동차 열쇠를 생각하다가 갑자기 맛있는 차 한잔이 생각난다면, 그저 차 한잔에 대해 생각한다는 것을 알라. 자동차 열쇠에 대한 생각을 끝내려 애쓰지 말자.

만약 죽음에 대한 공포에 압도되었다고 느낀다면, 그저 바라보라. 무엇을 해야 한다거나 어떻게 해야겠다는 생각을 하지 말자.

이 몇 가지 연습은 최소한 자신의 외부와 내면 세계 대부분이 가정과 투영에 불과하다는 것을 이해하는 데 도움이 될 것이다.

기대 내려놓기

삼사라가 환영이라는 견해를 알아볼 시간도 없고 알고 싶은 의향도 없다면, 건강하게 살아 있는 동안 계획이나 희망, 기대에 너무 집착하지 않도록 노력해야 한다. 적어도 그 어떤 것도 이루어지지 않을 수 있다는 가능성에 대비하라. 인생에서 모든 것이 순조롭더라도 눈 깜빡할 사이에 정반대가 될 수 있고, 가치 있게 여겼던 모든 것이 갑자기 쓸모없어질 수 있다.

가장 친한 친구가 다른 나라로 이민 간다고 상상해보자. 이제 친구와의 만남이 무척 드물 것이고 시간이 지나면서 마음도 멀어질 것이다. 그러던 어느 날 친구가 소셜미디어에 나를 몹시 불쾌하게 하는 글을 썼고, 어느새 최악의 적이 되어 있었다. 인생에는 이런 리얼리티 체크*가 가득하다.

상황이 변하는 것을 인식하는 것은 유용한 마음훈련이고, 계획과 일정, 기대에 대한 집착을 내려놓으면 죽음에 대한 두려움이 상당히 줄어들 것이다. 만약 살아 있을 때 실망하거나 실패한 경험이 전혀 없다면, 죽음의 문턱에 서 있는 자신을 발견할 때 몹시 두려울 것이다. 자신을 위해 무언가를 하기에는 너무 늦었기 때문이다. 만약 운이 좋다면, 가족과 친구들이 나를 위로하고 격려하기 위해 원인과 조건을 모으려고 최선을 다할지도 모른다. 그리고 운이 아주 좋다면, 그들이 나를 속여 영원히 살 것이라는 믿음을 주지 않을 것이다. 우리 모두가 죽어가는 사람을 위해 할 수 있는 최선의 일은 그들에게

---

* 방심한 사이에 공격당하는 일 – 옮긴이.

일어나는 일에 대해 거짓말하지 않는 것이다.

이기심 줄이기

이기심과 탐욕은 가장 극심한 공포를 일으킨다. 죽으면 철저히 혼자가 되는데, 자신의 습관이 계속된다면 죽음의 고독을 견디기 힘들 것이다. 나의 모든 변덕을 다 받아주는 아첨꾼의 찬사에 익숙해서 온전히 혼자가 되었을 때에 상상할 수 없는 공포에 압도된다. 따라서 이기심을 줄이면 공포의 강도를 낮출 수 있다.

세간사에 대한 집착 줄이기

어떤 이들은 신체적 고통이 무서워 죽음을 두려워한다. 하지만 모두가 고통 속에 죽는 것은 아니다. 이는 전적으로 자신의 업業(까르마)에 달려 있다. 사람마다 업이 다르듯이 죽음에 대한 체험도 각각 다르다. 어떤 이들은 자신이 죽어가고 있다는 것을 알지 못할 것이다. 어떤 이들은 자신이 죽었다는 것을 모르거나 심지어 죽은 지 며칠, 몇 주가 지나도 여전히 자신이 죽었는지 모를 수도 있다. 죽음은 번개처럼 갑자기 닥칠 수도 있고 아주 천천히 다가와 몹시 고통스러울 수도 있다. 죽음의 순간에 겪는 고통의 대부분은 삶과 소유물, 친구와 가족, 재산에 대한 정서적 애착과 끝맺지 못한 일에 대한 초조함에서 비롯한다.

사는 것이 죽는 것

태어나면 죽어야 한다,

그래서…3

_ 키세이

죽음의 순간에 도움이 되는 것은 무엇일까?

살아 있는 동안 행동하고 생각하고 느끼는 모든 것은 무명과 번뇌와 업에 의해 좌우된다. 그리고 이 무명과 번뇌와 업, 세 가지가 합쳐져 우리는 탄생과 죽음을 홀로 마주할 수밖에 없다. 우리에게는 선택권이 없다. 한번 태어나면 그 무엇도 그 누구도 죽음을 막을 수 없다. 죽음의 필연성은 태어날 때부터 시작된다. 우리는 이에 저항할 힘이 없다.

만약 죽음과 환생의 무기력과 외로움을 경험하고 싶지 않다면, 살아 있는 동안 다시 태어나지 않을 원인과 조건을 모아야만 한다.

죽음의 순간에 친척들과 친구들에게 둘러싸인 자신을 발견할 수 있지만 그들이 여러분에게 도움이 될 가능성은 거의 없으며, 심지어 상황을 더 악화시킬 수 있다. 마지막 숨을 쉴 때 탐욕스러운 친척들이 무언가를 더 얻어내기 위해 독수리처럼 싸운다는 걸 알게 되면 어떨까? 시체가 차가워지기 전에 여러분의 아름다운 집에 있는 모든 귀중품을 차지하고, 이메일 계정을 해킹하고, 금고를 연다면? 임종을 지켜보며 어쩌면 값비싼 루이 퀸제 책상을 누가 차지할 것인지 말다툼을 할 수도 있고, 버릇없는 조카는 고가의 초판본 책들 중 한 권을 꺼내 책장을 넘기고 있을지도 모른다. 반대의 경우를 생각해보자. 내가 사랑하는 사람과 나를 사랑하는 사람에게 임종의 순간은 너무나도 견디기 힘든 이별의 고통을 줄 수도 있다.

거친 인간의 마음은 마음에서 몸이 분리되는 것을 죽음이라 생각하는 경향이 있다. 좀 더 명확한 묘사는 죽음이 한 기간의 끝을 의미한다는 것이다. 그러므로 우리는 이른바 '삶'을 통해 '죽음'의 연속적인 흐름을 경험하고 있다. 죽음의 죽음은 탄생이다. 탄생의 죽음은 존속이다. 존속의 죽음은 죽음의 탄생이다. 경험하는 모든 것은 죽음과 탄생이며 '시간'이란 현상의 지배를 받기에 죽음의 대상이 된다.

일반적으로 알려진 '삶'은 사건으로 가득하지만, 죽음은 인생을 통틀어 가장 중요한 사건일 것이다. 만약 오늘 밤 죽는다면 자신의 정체성과 모든 소유물을 잃게 되고 세워두었던 계획은 어떤 것도 이룰 수 없다. 죽음이 큰 사건인 이유가 이것이다.

반면 탄생은 어떤가? 근심과는 거리가 멀고 확연히 죽음처럼 무서운 것은 아니다. 사실 우리는 탄생을 좋아한다. 아기가 태어나면 부모를 축하하고 남은 생 동안 계속해서 아이의 생일을 축하한다. 이제 많은 업계가 생일 관련 용품을 판매한다. 생일 케이크와 생일 파티, 깜짝 생일 파티와 생일 카드가 모두 클릭 한 번이면 가능하다. 손가락 하나 움직이지 않아도 소셜미디어는 누군가의 생일을 잊어버리는 것을 불가능하게 만든다. 심지어 고양이의 생일까지.

우리와 달리 대승 선지식들은 탄생을 죽음보다 훨씬 더 큰 장애로 생각했다. 인도의 위대한 학자이자 선지식인 나가르주나[龍樹]는 선우善友인 왕4에게, "수행자들에게 출생은 죽음보다 더 불안하고 더 큰 장애"라고 말했다.

그렇다면 왜 수행자들은 죽음보다 탄생에 더 비중을 두는가? 탄생은 우리가 절대적으로 통제할 수 없는 유일한 사건이다. 우리는 다음과 같은 질문을 던지며 어머니의 몸에서 나오는 것이 아니다. 어디에서 태어나는지, 부모는 누구인지, 태어나는 날과 시간은 언제인지, 심지어 애당초 태어나야만 하는지. 이 모든 상황은 우리의 통제 밖이다.

우리가 삶의 모든 단계에서 무엇을 하려고 태어난 것인지 알 수 없는 반면, 죽음은 피할 수 없다는 사실 때문에 우리는 지금 가지고 있는 것에 감사한다. 언젠가 반드시 죽는다는 것을 아는 것은 삶을 최대치로 활용하는 데 도움이 된다. 언제든 죽음이 닥칠 수 있다는 것을 알기에 사랑할 수 있고 제정신을 유지할 수 있다. 또한 우리가 세속적인 삶에 의해 둔감해지고 무감각해지는 것을 막아준다. 삶은 우리를 독에 젖어들게 만드는데, 죽음을 생각하는 것은 진정으로 자신을 냉정하게 만드는 유일한 수단이다.

한번 태어나면 반드시 죽게 되어 있다. 죽음을 맞이하면 다시 태어나야 한다. 이 탄생과 죽음의 돌고 도는 게임을 어떻게 멈출 수 있을까? 깨어나는 수밖에 없다. 한번 깨어나거나 깨달으면 죽음과 환생의 원인과 조건의 결과에서 벗어날 수 있다. 그때까지는 계속 태어나고 죽을 것이다.

탄생과 죽음은 떼려야 뗄 수 없다. 우리는 죽음을 애도하는 것과 마찬가지로 삶을 애도해야 한다. 특히 요즘 세상에는 더욱 그렇다. 자녀가 성인이 되는 과정에서 겪을 일을 잠시 생각해보자. 어느 날 백화점에 간 딸은 구매욕을 자극하는 온갖 물건에 현혹될 것이다. 문구류는 말할 것도 없고 광택이 나는 빨간 립스틱을 보고 가슴이 설렐 것이다. 이후에는 고급 커피와 스타벅스, 패션과 고급 리조트, 은행 잔고와 투자 같은 돈에 대한 개념의 세계를 피할 수 없다. 딸의 삶은 험난해질 것이다.

죽음에 긍정적인 면이 있을까?

죽음을 마주하는 것은, 비록 오늘날에는 그렇게 생각하는 사람이 거의 없지만, 살아 있는 것이 무엇인지를 이해하는 데 도움이 된다. 대부분의 현대인들은 죽음의 필연성과 예측 불가능성을 완전히 무시하고 맹목적으로 살아간다.

불성

불교 가르침[佛法]에 따르면 죽음은 우리에게 매우 긍정적인 진리를 가르쳐준다고 한다. 바로 모든 존재의 마음의 본성이 부처라는 것이다. 즉 나의 마음과 여러분의 마음은 부처다.

불성佛性은 이국적인 뉴에이지나 신비주의 현상이 아니다. 무엇을 하든 어디에 있든 우리에게는 불성이 있다. 마음의 정수가 부처인 것이다.

책이나 기기의 질감을 느껴보고, 주변에서 일어나는 일에 귀를 기울이고, 엉덩이 아래 방석의 부드러움이나 발에 가해지는 체중을 느껴보라. 여러분이 읽고 있는 단어에 대해 생각해보라. 마음의 본성은 부처다.

내가 방금 언급한 모든 것을 하는 마음이 부처다. 비단 여러분의 일상심*이 부처일 뿐 아니라 지각하고, 읽고, 보고, 듣고, 맛보는 등

---

* 이원(二元) 또는 이견(二見)이라 불리는, 인식하는 대상이 실존한다고 생각하는 상견(常見)과 인식하는 대상이 실제로 존재하지 않는다고 생각하는 단견(斷見)에 물든 마음의 상

일체유정一切有情들의 일상심 또한 부처다.

흙탕물을 생각해보자. 물 자체는 청정하고 깨끗하지만 진흙과 섞이면 흙탕물이 된다. 마찬가지로 우리의 기본적인 마음챙김과 알아차림의 부족은 온갖 분별과 번뇌를 일으켜 청정하고 맑은 마음과 섞여 흐려진다.

마음 지켜보기

지금 바로 어떻게 작용하는지 알 수 있다. 3분 동안 읽기를 멈추고 마음을 살펴보자.

자신에게 물어보자.

한 생각이 떠오르기까지 얼마나 걸렸나?
그 한 생각에 대해 생각을 시작한 지 얼마나 되었나?
그 한 생각에 완전히 사로잡히기까지 얼마나 걸렸나?

한 생각이 다른 생각으로 이어지는 과정은 흔히 있는 일이다. 나를 파티에 데려갈 친구를 기다리고 있다고 가정해보자. 자동차 경적 소

태이며, 비이원(非二元)의 마음이 아닌 판단·분별하는 이원적인 마음 상태를 뜻한다. 비이원이란 상견과 단견이라는 두 견해가 합일된 마음으로, 모든 외부 현상이 마음과 둘로 나뉘지 않으며 일체의 분별로부터 자유로운 것을 말한다. 즉 인식의 주체(능취)인 내적인 마음과 인식의 대상(소취)인 외부 대상이 별도로 존재하지 않는다고 보는, 궁극적 진리의 깨달음이다.
일상심은 '이원의 마음, 이원론적 마음, 이견의 마음, 일상의 마음, 탐진치에 물든 삼독심, 무명의 마음' 등으로 대체해서 쓸 수 있다 – 옮긴이.

리가 들린다면 마음이 들뜰 것이다. 파티에는 누가 올까? 음식은 어떨까? 게임도 하려나? 재미있으려나? 파티장에 도착하기는커녕 아직 현관문을 나서지 않았는데도 머릿속은 이미 파티에 관한 생각으로 가득하다.

우리 대부분은 자각이 결여되어 있다. 자신의 마음이 친구와 가족, 가치관과 철학, 돈과 소유물, 관계에 대한 총체적인 신체적·감정적 선입견에 어떻게 사로잡혀 얽혀 있는지 결코 보지 못한다. 우리의 본성은 부처이지만 분별로 인해 오염되고 불분명하고 혼란스럽고 명징하지 못하고 둔하다. 번뇌와 혼란, 기대와 복잡함에 너무 빠져들어 마음의 본성이 존재한다는 것조차 모른 채 살아가는 것 같다.

죽음의 순간에 여러분이 수승한 불자든, 구글의 대표든, 월스트리트의 무역업자든, 유물론자든 상관없이 죽음의 과정은 익숙했던 모든 것을 놓도록 강요할 것이다. 분명 친구와 가족, 집과 공원, 체육관과의 결별을 뜻하기도 하지만, 모든 인생에서 늘 여러분과 함께했던 단 하나와의 이별을 의미하기도 한다. 바로 자신의 신체다. 죽으면 오대원소(地水火風空)와 감각을 포함한 몸 전체를 남기고 떠나게 된다.

살아 있는 동안에는 보고, 듣고, 맛보고, 만지고, 생각하는 모든 것이 눈, 귀, 혀, 몸 등의 감각을 통해 걸러진다. 그때 마음은 인식을 경험하게 되는데, 단지 감각기관과 의식을 통과하는 것뿐 아니라 자신의 교육 배경과 문화에서도 영향을 받는다. 이 여과 과정이 삶의 많은 부분을 가능하게 하는 것이다.

어느 날 아침 일어났더니 낯선 곳에 있다고 가정해보자. 바로 눈앞의 하얀 벽에 검정색 반원 두 개와 동그라미 두 개가 그려져 있다. 그동안 광고를 통해 익힌 바에 따라 나의 마음은 이것을 '코코COCO'라고 해석한다. (만약 여러분이 졸부이거나 향수에 대해 잘 알지 못해서 '디에스앤더가D. S. & Durga'라는 상표명을 들어보지 못했다면, 코코 샤넬이 여전히 세계 최고의 향수라 생각할지도 모른다.)

살아 있는 동안 우리는 모든 것을 자신의 조건과 교육, 또는 그것의 결여에 의해 인식한다. 이것이 전단향과 라벤더, 공중화장실의 냄새와 같은 익숙한 냄새를 명명하는 방법이며, 또한 일체를 식별하는 방법이다. 만약 차茶처럼 뭉개져 있는 죽은 떡갈나무 잎을 '포트넘앤메이슨Fortnum and Mason' 상자에 넣어 포장한다면, 맛이 어떤지 따져 보지도 않고 사는 사람들이 있을 것이다.

죽을 때, 자연의 법칙은 신체감각을 빼앗아가고 마음은 벌거벗긴 채 홀로 남겨진다. 더 이상 피와 살로 만들어진 눈이 없고, 인식하는 모든 것은 생소하고 여과되지 않은 것이다. 인식을 걸러낼 눈이 없다면 하얀 벽에 쓰인 '코코'는 꽤 다르게 보일 것이다.

불교에서는 수행자들에게 우리가 '죽음의 순간'이라고 부르는 완전한 본래마음의 순간은 매우 귀한 것이라고 한다. 죽을 때 자연의 힘은 우리 안에 내재되어 있는 본성인 불성에 감사하고 불성을 자각하고 붙들도록 도와준다. 그렇기에 이미 마음의 본성에 친근한 수행자들에게 죽음의 순간은 특히 더 소중하며, 불자들은 살아 있는 동안 죽음이 자연스럽게 가져다주는 기회를 최대한 활용하기 위해 필요한 방편과 능력을 키우는 것이다.

죽음의 순간은 밀교 수행자(탄트리카)들에게 특히 더 중요하다.

설악산 국립공원

밀교 수행자들이 살아 있을 때 수행 성취를 하지 못했더라도, 죽음의 순간에 성취할 수 있도록 필요한 모든 방편을 닦았을 것이다.

죽음의 확실성과 불확실성

좋든 나쁘든 일단 '탄생'이라고 부르는 과정을 통해 인생에 발을 들여놓으면, 확신할 수 있는 유일한 것은 죽는다는 것이다. 우리 중 누구도 죽음이 확실하게 '언제' 올지 모르며, 죽음을 숙고하는 것이 그토록 매혹적인 이유는 바로 이 불안한 병렬 때문이다. 언젠가 죽는다는 확실성도 기분이 좋지는 않지만 언제 죽을지 모른다는 불확실성은 우리를 더욱 불안하게 만든다. 마치 언제 착용할지 모르는 채 비싼 티파니 목걸이를 사는 것과 같다.

역설적이게도 죽음의 시점에 대한 불확실성 때문에 우리는 계획을 세운다. 계속해서 할 일과 지켜야 할 약속으로 세월을 구성하지 않으면 너무도 불안하기 때문이다. 그러나 아무리 조심하고 철저하게 계획을 세우더라도 꼭 이뤄지리라는 보장이 없다. 금요일에 런던에서 친구와 만나기로 했지만 그 만남이 반드시 지켜지리라고 확신할 수 없다. 가늠하기 힘든 많은 요소가 있기 때문이다. 아이들의 미래와 조부모의 은퇴, 새 아파트와 완벽한 사업 거래, 꿈 같은 휴가 등과 같은 우리 계획 중 어느 것도 기대하는 대로 정확히 이루어지지는 않을 것이다. 이 모든 것이 완전히 실패하거나 상상 이상으로 성공할 수도 있다. 요점은 조직하고 계획하는 데 아무리 많은 노력을 기울인다 하더라도, 어떤 계획도 반드시 성공할 것이라 확신할 수 없다는 점이다.

강하고 맹목적으로 모든 것이 잘될 거라 믿지만, 믿음대로 되는 것은 매우 드물다. 신중하게 세운 계획이 뜻대로 되지 않았을 때 겪는 고통은 온전히 자신이 만들어낸 것이다.

계획을 세우고 약속을 잡는 것도 미래를 소비하는 효율적인 방법이다. 생각해보라. 만남이나 활동을 위해 미리 잡아놓은 시간은 그 사건이 일어나기도 전에 이미 사용되어버린 것이나 마찬가지다. 또한 계획이 제대로 실행되는지 확인해야 하는 추가적인 고통을 야기한다.

우리가 불법을 닦는 주된 이유 중 하나는 죽음에 대비하는 것이다. 죽음에 대한 두려움 때문에 수행을 하는 사람도 있다. 두려움도 자신을 수행으로 이끈다면 가치가 있다.

최근 몇 년 동안 마음챙김과 같은 몇 가지 불교 수행법이 인기를 끌고 있다. 그러나 현대인들은 죽음을 준비하기 위해서나 죽음 이후에 놓여질 상황에 대해서는 수행하는 것 같지 않다. 현대인들은 가장 중요한 것을 놓친 채 이 세상에서 필요한 갖가지 이유로 수행을 한다. 얼마나 많은 비파사나 수행자들이 죽음을 준비하는 수행을 할까? 윤회를 마치려는 발원을 가지고 수행하는 수행자들이 몇이나 될까? 대부분의 사람들은 더 나은 경영자가 되기 위해, 좋은 반려자를 찾기 위해, 행복해지기 위해, 고요함을 위해, 스트레스를 덜어내기 위해 수행을 한다. 그들에게 수행은 생을 위한 것이지 죽음을 준비하는 것이 아니다. 이는 쇼핑, 외식, 운동, 사교 같은 세속적인 추구 못지않게 평범한 활동이다.

그저 릴렉스하고 긴장을 푸는 것에 대해 배우고 싶다면, 수행은 최선의 선택이 아닐지도 모른다. 어쩌면 시가를 피우는 것이 긴장을 푸는 데 수행보다 훨씬 쉽고 빠르고 효과적일 것이다. 또는 위스키를 마시거나 소셜미디어를 훑어보는 것도 나쁘지 않을 것이다. 가부좌로 앉아 등을 꼿꼿하게 세우고 호흡을 관찰하는 것은 지루할 뿐 아니라 육체적으로도 고통스럽다. 들은 바에 따르면 요즘 수행자들은 수행보다 알아차림을 제대로 하고 있는지에 대해 더 많이 걱정한다고 한다. 걱정하는 것은 혈압에 좋지 않을 것 같다.

어쩌면 독자 중에 불치병에 걸린 사랑하는 사람의 죽음에 대비하기 위해 이 책을 읽고 있을지도 모른다. 인생은 놀라움으로 가득해서, 아무리 젊고 건강하더라도 누가 먼저 죽음에 이를지는 아무도 장담할 수 없다. 항상 모든 것에 대비하고 윤회계의 실상을 온전히 자각해야 한다. 여러분이 맹목적인 기대와 요행에 매달리거나, 계속해서 실상을 망각하거나, 탐욕스럽고 어리석게 느긋하거나, 세간의 계획이 완벽하게 이뤄지길 기대한다면 최악의 상황이 발생했을 때 엄청난 고통을 겪을 것이다. 그리고 그 고통에서 벗어나기 위해 할 수 있는 일이 아무것도 없다.

2
죽음과 사후를 위한 준비

부처님께서는 수행의 으뜸은 일체가 무상하고 죽음은 불가피하다는 것을 떠올리는 것이라 하셨다.

> 모든 발자국 가운데
> 코끼리 발자국이 최고이고,
> 마음을 다스리는 수행 중에
> 죽음에 대한 수행이 최고다.[1]

어떤 이들은 자신의 삶이 끝나가고 있다는 것을 직감적으로 안다. 그들이 젊고 건강하여 비논리적인 얘기로 들릴지 모르지만, 그들은 자신에게 바짝 다가온 죽음을 감지한다. 또 어떤 이들은 불치병 진단을 받았기에 죽을 것을 안다. 곧 죽을 것이라는 사실을 알면 대부분은 공황 상태에 빠지거나 우울해지고 희망을 잃는다. 반면 수행자들은 죽음을 정진의 기회이자 세속적인 삶을 채우는 모든 무의미한 활동을 끝낼 수 있는 기회로 삼는다.

삶이 몇 달 남지 않았다는 것을 알든, 아니면 남은 인생을 다 살다 갈 것이라 믿든 불교의 관점에서 볼 때 언젠가는 죽음에 직면해야 한다는 진실을 빨리 받아들이는 것이 좋다.

죽는다는 사실을 직시하라

죽음은 인간을 파괴하지만, 죽음에 대한 생각은 인간을 구원한다.[2]

_ E. M. 포스터

가장 먼저 해야 할 일은 언제가 될지는 모르지만 자신이 죽는다는 사실을 받아들이는 것이다.

사람들은 매일 죽고 인생의 어느 시점에서는 사랑하는 이의 임종을 지켜보게 된다. 그러나 우리 중 몇이나 죽는다는 이 사실을 진정으로 믿을까?

곧 죽을 것이라는 말을 들으면 속은 것 같고 부당하다고 느껴질 것이다. 무의식적으로 '왜 이런 일이 나에게 일어나는 거지? 왜 하필 지금이야? 나는 아직 젊다고! 내가 99세라면 죽을 때가 되었다는 걸 받아들이겠지만, 왜 지금이냐고. 내 인생은 이제 막 시작됐는데!'라고 생각한다. 그래서 죽음을 위한 첫 번째 준비는 언제인지는 모르지만 언젠가는 분명히 죽음이 찾아온다는 사실을 받아들이는 것이다. 두 번째 준비는 오직 나만이 죽음에 직면하는 것이 아니라는 사실을 인식하는 것이다. 우리 모두가 죽는다. 그러니 매우 공평하다.

> 언제나 '자신의 죽음'을 생각할 때, 나의 정수리 위에 스승을 관상觀
> 想*하며 강한 신심을 일으켜라. 그러고는 이렇게 생각하라. '나만 죽는
> 것이 아니다. 모든 존재는 죽음의 대상이며 누구도 예외가 없다. 우리
> 는 이 윤회계에서 셀 수 없이 탄생과 죽음을 반복해왔지만, 죽음은 고
> 통스럽고 탄생은 의미가 없었다. 그러나 이제 나는 이 현재의 죽음을
> 의미 있게 만들 것이다!'[3]
>
> _ 딜고 켄체 린포체

태어나는 순간부터 죽음의 과정이 시작된다. 누구도 아기가 엄마 품속에서 빠져나와 유언장을 쓰리라고 생각하지 않지만, 여러분이 나이가 들면(아마도 50세가 되거나 40세면 더 좋고) 죽기 전에 무엇을 성취하고 싶은지에 대해 신중하게 생각해봐야 한다.

인생을 온전히 살자

인생을 즐겁게 살도록 노력하라. 마추피추나 마다가스카에 가보자. 가보고 싶었던 모든 곳을 여행하자. 구매하고 소유하고 싶은 것은 현실적으로 판단하는 게 좋다. 자신에게 물어보라. 페라리 한 대를 더 사는 것이 필요할까? 그렇게 많은 은행 잔고가 필요할까? 자선활동에 큰 기쁨을 느끼고 많은 현금을 좋은 곳에 쓰려고 계획하지 않았다

---

* 시각화(視覺化, visualization)라고도 하며, 부처나 정토의 모습을 마음속으로 살피고 생각하는 것을 말한다 - 옮긴이.

면, 고가의 장난감이나 은행잔고에 신경 쓰는 것이 기쁨보다는 스트레스가 된다는 것을 기억하자.

마치 마지막이 될 것처럼 내 주변의 사물과 사람들을 바라보며 관계를 맺어보자.

가족 간의 불화나 친구와의 다툼을 다뤄보자. 이제 남아 있는 감정의 찌꺼기나 오해를 풀 때다.

무엇보다 죽음에 대한 최고의 준비는 삶을 충만하게 사는 것이다. 스티로폼 컵이 아닌 멋진 찻잔에 맛있는 차茶를 즐겨보자. 입고 싶었던 옷을 입자. 읽고 싶었던 책을 읽자. 터무니없거나 기괴하더라도 언제나 원해왔던 것을 하자. 지금 당장 하라. 어쩌면 다음 기회는 오지 않을지도 모른다.

의식 있는 쇼핑과 유언장 작성

우리 인간은 편안함을 좋아하고 모두들 행복하길 원한다. 그래서 돈과 재산을 축적하기 위해 애쓴다. 하지만 편안함을 위해 하는 모든 일이 결국 스트레스와 고통의 근원이 되는 것은 모순 아닐까?

만약 여러분이 돈과 재산을 가지고 있다면 임종 후 어떻게 할지 결정해야 한다. 소유물을 정리하고 유언장을 작성해보자. 소유물이나 집을 자녀나 조카, 사촌에게 줄 것인가? 아니면 표범보호단체나 암 연구소에 기부할 것인가?

좀 더 신중하게 행동하도록 노력해야 한다. 물건을 살 때는 냉철해야 한다. 쓸모없는 물건을 사거나 사재기하는 것은 그만두는 편이 좋다. 잡동사니를 쌓아놓지 말자. 장기적인 투자를 계획하고 있다면,

그 투자금을 회수하기 전에 죽을지도 모른다는 것을 충분히 고려하는 것이 좋다.

가족 간의 유대

우리 대부분의 가장 큰 문제는 가족관계일 것 같다. 특히 죽음에 임박했을 때는 더욱 그럴 것이다. 중국은 가족이 매우 강력한 사회 단위로 유지되어왔다. 오늘날까지 가족의 역할에 대한 이 전통적인 관습은 경직되고 억압적인 문화적·사회적 기대를 지속시키고 있다. 예전부터 그래왔듯이 아버지들은 가족을 부양하는 의무를 다해야 하며 자녀들도 부모를 기쁘게 해야 한다. 하지만 이런 관계가 얼마나 유익할까?

부모는 자녀를 위해 어떤 대가라도 치를 각오가 되어 있다. 하지만 이 강박적인 부모의 헌신이 자녀들에게 정말로 필요한 것일까? 아이들에게 도움이 될까? 자녀 양육에 적어도 20년 정도 전념한 중국 부모들은 손자가 태어나면 또 다른 차원으로 가족 간의 얽힘에 직면해야 한다. 가족 간의 얽힘에도 유통기한이 있어야 하지 않을까?

중국 아이들도 부모 못지않게 사회적 기대에 부응해야 한다는 압박을 받고 있다. 예를 들어 나이가 들면 부모를 완전히 책임져야 한다고 예상한다. 그러나 품위 있는 인간이 되고자 하는 사람은 부모나 가족, 친구, 사랑하는 사람이 병에 걸리거나 늙고 쇠약해지면 기꺼이 돌봐야 하지 않을까?

가정생활을 즐기지 않을 이유는 없지만 죽음을 준비하는 차원에서 좀 더 신중하게 판단하길 바란다. 언제나 죽음의 필연성을 기억하고, 그 확신의 바탕 위에서 가족 간에 유대할 때 자신을 잘 관찰해야 한다. 만약 그 '관찰자'가 언제나 자신의 태도와 생각, 행동을 의식한다면, 가족에 대한 의무와 집착이 느슨해질 것이다. 너무도 얽히고설킨 감정적인 가족 갈등에 휘말리는 것을 피하기 위해 이 관찰자를 잘 이용하자.

무엇을 하든지 예측할 수 없고 피할 수 없는 죽음이 바로 코앞에 있다는 것을 항상 기억해야 한다. 그리고 죽을 때는 혼자라는 것도.

관세음보살 진언

죽음에 대한 이상적인 준비는 귀의歸依와 보리심菩提心, 연기緣起에 대한 부처님의 모든 가르침을 자세히 공부하는 것이다. 그러나 불행하게도 대부분의 현대인은 공부할 시간이 없다. 그렇다면 무엇을 하면 좋을까? 바로 관세음보살 육자진언인 '옴마니빼메훔(옴마니반메훔)'을 염송하는 것이다. 또는 '나무관세음보살'로 해도 좋다. 일본불교가 좋으면 '아로리캬 소와카'를 염송하고 태국의 테라바다 전통에 끌린다면 '부또'를 염송해도 좋다.

불자든 아니든, 죽음의 순간 자체가 매우 중요하므로 모든 수행 중에 간단하면서도 강력한 것이 필요한데, 그것이 바로 옴마니빼메훔을 염송하는 것이다. 자신의 죽음의 순간을 준비하기 위해 지금 당장 진언 염송을 시작하는 것이 어떨까? 그리고 죽음을 잘 준비하고 싶어하는 사람들을 만나면 이 방법을 제안해보라. 정말 도움이 된다.

옴마니빼메훔 진언이 그토록 강력한 이유는 무엇일까? 이 육자진언은 삶, 죽음, 바르도라는 투영의 여섯 문門과 직접적으로 연결되어 있기 때문이다. 우리의 모든 괴로움과 고통은 삶과 죽음이 환영이라는 것을 모르는 데서 기인한다. 다시 말해 삶과 죽음의 바르도가 투영에 불과하다는 것을 모르기 때문이다. 우리가 보고 경험하는 모든 것이 실제로 존재한다고 상상하기 때문에 인식이 왜곡되어 괴로움을 겪는 것이다. 육자진언을 염송하면 이 왜곡이 정화된다.

바르도란 무엇인가?

바르도bardo*는 티벳어로 중간이라는 의미다. '중음中陰' 또는 '중유中有'라고도 한다. 간단히 말해서 바르도는 두 환영의 경계 사이에 있는 것이다. 예를 들어 바로 이 순간은 과거와 미래 사이에 있다. 다른 말로 오늘은 어제와 내일 사이에 있다. 동시에 바르도를 포함한 일체가 환영이며, 과거와 현재, 현재와 미래를 나눌 수 있는 진정한 경계가 없다는 것을 항상 기억해야 한다. 이 내용은 매우 중요하다.

　모든 바르도에서 가장 중요하고 심오한 뜻은 이미 우리 안에 있는 고유한 불성의 존재를 알지 못하는 모든 시간과 불자들이 '해탈'이라 묘사하는 깨어나는 순간 사이라는 점이다. 다시 말해 불성을 인식

---

* 바르도[티/ᨠᨮᨯ 산/antarAbhava]는 사유(死有)와 생유(生有) 사이에 존재하는 중음(중유, 중음신中陰身)을 뜻한다. 티벳어로 사이(bar), 둘(do)로 두 상태의 사이를 의미한다. 일반적으로 바르도는 여섯 단계가 있다.
생처(生處) 중음: 살아 있을 때 평상시의 의식 상태
몽리(夢裡) 중음: 잠에 들어서부터 깨어날 때까지의 상태
선정(禪定) 중음: 선정의 의식 상태
임종(臨終) 중음: 사망했을 때 약 3일 동안 지속되는 무의식 상태
실상(實相) 중음: 실상을 체험한 의식 상태로 일종의 환각을 거침
투생(投生) 중음: 태에 들어가 육도를 윤회하는 재생 시기의 의식 상태 – 옮긴이.

하지 못하는 것과 인식하는 것 사이에 일어나는 일체를 바르도라고 한다. 이 방대한 바르도 안에는 '이 생의 바르도'를 포함하여 무수한 작은 바르도들이 있다. 우리와 같은 범부들에게 이 삶은 어쩌면 모든 바르도 중 가장 중요할지 모른다. 방향을 선택하거나 바꿀 수 있는 최고의 기회가 될 수 있기 때문이다.

불교는 윤회계 안에 육도4가 있고 각각의 영역은 번뇌에 의해 지배된다고 한다. 우리 인간은 살아 있는 동안 투영되는 여섯 개의 문을 통해 이 모든 영역을 지속적으로 경험한다. 욕망에 의해 야기된

인도 보드가야 마하보디 사원의 불상

투영과 경험은 인간계로 이어지고, 잘난 체하고 남을 업신여기는 마음은 천상계, 질투는 아수라계, 혼란과 인식의 결여는 축생계, 인색함과 탐욕은 아귀계, 분노는 지옥계로 이어진다. 우리는 끊임없이 육도를 경험하므로 각 영역에서의 환생이 어떨지 상상하지 않아도 된다.

귀의

만약 여러분이 불교에 끌린다면, 죽음을 위해 매우 효과적이고 중요한 준비는 삼보에 귀의하는 것이다. 깨달음을 성취할 때까지 귀의하는 것이 가장 이상적이다.

어떤 사람들은 제대로 귀의할 스승을 찾아 인도나 히말라야에 가야 하느냐고 묻는다. 절대 그렇지 않다.

귀의란 무엇인가? 귀의의 정수는 신심이다. 우리는 부처님의 가르침[佛法]이 반박할 수 없는 진리라 확신하기로 의식적인 결정을 하고, 합성된 일체는 무상하다, 모든 번뇌는 고통이다 등과 같은 진리에 귀의한다.5 그런 다음 삼보에 귀의한다.

삼보의 진리를 조건 없이 전심으로 믿고 의지하면, 귀의를 하게 된다. 원한다면 정식으로 귀의할 수 있다. 전통적인 의식에 참여하면 귀의하는 이유에 대한 확신을 강화하고 마음을 다해 진리를 믿고 의지하는 것이 무엇을 의미하는지에 대한 인식을 높일 수 있다. 하지만 의식을 원하지 않는다면, 하지 않아도 된다. 또한 법사, 비구, 비구니 앞에서 귀의할 필요도 없다. 귀의를 했던 사람은 누구라도 증인이 될 수 있다. 만약 이웃이 귀의를 했다면, 그분이 귀의문을 읽고 여러분이 이를 따라 하는 것으로 귀의할 수 있다.

증인이나 법사가 반드시 있어야 하는 것은 아니지만, 이들은 공부하고 수행하려는 여러분의 결단을 강화하는 데 도움이 될 수 있다. 원한다면 혼자 귀의할 수도 있다. 탱화나 불상 앞에서 귀의문을 읽으면 된다. 또는 부처님께서 여러분 앞에 계시다고 관상하고 마음으로 삼보에 귀의하면 된다. 귀의에서 중요한 것은 귀의문의 내용을 진심으로 독송하는 것이다.

간단히 귀의하는 방법

아비달마나 반야경과 같은 경전을 청결한 탁자 위에 올린다. 만약 불상이 있다면 경전 옆에 모신다. 원한다면 두 손을 모아 합장하여 기도하는 자세로 불상과 경전 앞에 무릎을 꿇는다. 이는 그저 제안일 뿐이다. 만약 이렇게 무릎을 꿇는 것이 본인이 속한 문화에 반하거나 원하지 않는다면, 하지 않아도 된다. 원한다면 꽃이나 향을 올려 의식을 더욱 정교하게 할 수 있다. 하지만 이 역시도 전적으로 선택사항이다.

속으로 생각하거나 큰 소리로 읽는다.

나는 진리에 귀의합니다.
합성된 일체는 무상합니다.
이 몸도 언젠가 죽습니다.
모든 번뇌는 고통입니다.
번뇌 하나하나가 희망과 두려움으로 얼룩져 있으므로 기댈 수 없습니다.

모든 현상은 자성이 없습니다. [無自性]

생각하는 모든 것은 나의 투영이니 실재가 아닙니다.

나는 이 진리를 설하신 부처님[佛]께 귀의합니다.

나는 가르침[法]에 귀의합니다.

나는 보살승가[僧]에 귀의합니다.

만약 전통 방식으로 귀의하고 싶다면, 좋아하는 귀의문을 읽으면 된다. 전적으로 여러분에게 달렸다.

namo buddhāya guruve

namo rharmāya tāyine

namo daṃghāya mahate

tribhyopi satataṃ namaḥ

나모 붓다야 구루베

나모 라르마야 타인

나모 담가야 마하테

트립효피 사타탐 나마6

스승이신 부처님께 귀의합니다.

보호주인 불법에 귀의합니다.

보살승가에 귀의합니다.

삼보에 간단[間斷]없이 예경 올립니다.

buddhaṃ śaraṇaṃ gacchāmi

dhaṃmaṃ śaraṇaṃ gacchāmi

saṅghaṃ śaraṇaṃ gacchāmi

붓담 사라남 가차미

담맘 사라남 가차미

상감 사라남 가차미[7]

부처님께 귀의합니다.

가르침에 귀의합니다.

보살승가에 귀의합니다.

불법승 삼보에

깨달음을 얻을 때까지 귀의합니다.

보시 등을 수행한 공덕으로

요익중생饒益衆生을 위해 깨달음을 얻기를 발원합니다.[8]

깨달음에 이를 때까지

부처님께 귀의합니다.

정법에 귀의합니다.

보살승가에 귀의합니다.[9]

중국불교를 선호하는 이들을 위한 귀의문

지금부터 내 삶이 다할 때까지 [본인의 이름을 호명]

부처님께 귀의합니다.

정법에 귀의합니다.

보살승가에 귀의합니다. (3번)

부처님을 깊이 믿고 의지하며, 일체중생을 위해 서원합니다

대도人道를 깊이 깨닫고 보리심을 일으킵니다.

정법을 깊이 믿고 의지하며, 일체중생을 위해 서원합니다.

경전의 보고寶庫에 깊숙이 들어가 그 지혜가 바다와 같이 광대함을 알게 해주소서.

승가를 깊이 믿고 의지하며, 일체중생들이

모두가 화합하여 큰 대중을 이루게 하소서.

부처님께 귀의하므로 지옥계에 떨어지지 않습니다.

정법에 귀의하므로 아귀계에 떨어지지 않습니다.

보살승가에 귀의하므로 축생계에 떨어지지 않습니다.

일본 전통을 선호하는 이들을 위해

온 사르바 타따갸타 한나 만나 누캬로미10

모든 여래의 발아래 정례頂禮합니다.

빨리Pali 전통을 선호하는 이들을 위해

buddhaṃ śaraṇaṃ gacchāmi

dhammaṃ śaraṇaṃ gacchāmi

saṅghaṃ śaraṇaṃ gacchāmi

붓당 사라낭 갓차미

담망 사라낭 갓차미

상강 사라낭 갓차미

dutiyampi buddhaṃ śaraṇaṃ gacchāmi

dutiyampi dhammaṃ śaraṇaṃ gacchāmi

dutiyampi saṅghaṃ śaraṇaṃ gacchāmi

두띠얌삐 붓당 사라낭 갓차미

두띠얌삐 담망 사라낭 갓차미

두띠얌삐 상강 사라낭 갓차미

tatiyampi buddhaṃ śaraṇaṃ gacchāmi

tatiyampi dhammaṃ śaraṇaṃ gacchāmi

tatiyampi saṅghaṃ śaraṇaṃ gacchāmi

따띠얌삐 붓당 사라낭 갓차미

따띠얌삐 담망 사라낭 갓차미

따띠얌삐 상강 사라낭 갓차미

거룩한 부처님을 진정한 의지처라고 믿고 새겨 귀의합니다.

거룩한 가르침을 진정한 의지처라고 믿고 새겨 귀의합니다.

거룩한 승가를 진정한 의지처라고 믿고 새겨 귀의합니다.

두 번째도 거룩한 부처님을 진정한 의지처라고 믿고 새겨 귀의합니다.

두 번째도 거룩한 가르침을 진정한 의지처라고 믿고 새겨 귀의합니다.

두 번째도 거룩한 승가를 진정한 의지처라고 믿고 새겨 귀의합니다.

세 번째도 거룩한 부처님을 진정한 의지처라고 믿고 새겨 귀의합니다.

세 번째도 거룩한 가르침을 진정한 의지처라고 믿고 새겨 귀의합니다.

세 번째도 거룩한 승가를 진정한 의지처라고 믿고 새겨 귀의합니다.

보살계

귀의하기로 결정했다면 이 기회를 최대로 활용해서 보살서원까지 하면 어떨까? 귀의하면서 보살계를 수지하는 것은 귀의만 하는 것보다 죽음을 준비하는 더 강력한 방법이다. 보살은 일체중생을 깨달음과 궁극의 행복에 이르게 하고자 염원한다. 보살로서 일체중생을 일깨우려는 마음을 일으키고 그 목표를 실현하는 데 일생을 바친다. 과거의 모든 위대한 보살들은 보살서원을 했다. 일체중생을 깨달음으로 이끌겠다는 서원을 함으로써 여러분은 모든 수행 중에 가장 위대

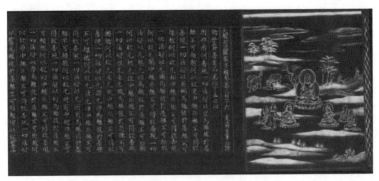

반야경. 중존사(中尊寺) 소장

한 행을 하게 된다. 시간이 얼마나 걸리든, 얼마나 많은 장애가 있든 목표를 이루기 위해 기꺼이 수십억 번 죽고 다시 태어나겠다고 서원한다.

이 서원을 하는 것으로 여러분은 보살의 길에 들어섰다는 확신을 얻을 수 있다. 다시 한번 말하지만, 이 의식은 증인 앞에서 해도 되고 혼자서도 할 수 있다. 본인이 선택하면 된다.

좀 더 여법하게 하길 원한다면, 가부좌로 앉고 등을 바로 세운다. 비공식적인 것을 선호하거나 가부좌가 싫다면, 걷거나 의자에 앉아 서원을 할 수 있다. 다시 말하지만 어떤 방식을 선택할지는 본인의 마음에 달렸다.

마음속에 보리심의 두 가지 중요한 측면을 떠올리는 것으로 시작하자. 일체중생을 무지에서 깨어남으로 이끌겠다는 궁극의 목표(원보리심願菩提心)와 보편적인 깨달음을 실현하기 위해 결코 멈추지 않겠다는 결심(행보리심行菩提心)을 한다.

전심으로 보리심의 실현을 멈추지 않으며 그 누구도 그 무엇도(죽음과 환생조차도) 나를 막을 수 없다고 선언한다. 그 과업에 엄청난 임무가 수반되더라도 일체중생의 깨달음을 이루겠다고 다짐한다. 이 결심은 너무도 위대해서 자신의 죽음조차 이 과정에 비하면 딸꾹질에 불과하며, 이 방대한 계획에는 조그만 지장조차 주지 못할 것이다.

보살계

> 과거의 모든 부처님이
> 보리심을 일으키고
> 보살들의 학처學處에
> 차례로 머무르신 것처럼,
>
> 이와 같이 중생을 위하여
> 보리심을 일깨워서
> 보살의 학처를 따르며
> 그와 같이 차례로 배우겠나이다.[11]
> _ 샨티데바 입보리행론 3장 23-24

　　다수의 유정有情*들은 죽음을 절대적으로 두려워한다. 죽음에 대한 두려움을 수행으로 바꾸면 어떨지 생각해보자.

---

* 해탈하지 못하고 해탈 밖에 존재하는 상태 – 옮긴이.

일체중생은 죽음에 대한 두려움의 그늘 아래서 삽니다.

내가 그들의 두려움을 모두 짊어지겠습니다.

이 삶이 거의 다했다는 것을 알고,

내가 곧 죽을 것이라는 걸 알고,

미래에 백만 번 이상 죽음을 경험할 것이라는 것을 압니다.

하지만 무슨 일이 일어나더라도,

일체중생을 깨어나게 한다는 나의 염원과

보살행은 결코 시들지 않을 것입니다.

나는 보살입니다.

나는 부처님의 자녀[佛子]입니다.

모든 존재가 그러하듯

나에게는 불성이 있습니다.

차이점이 있다면, 나는 불성이 있다는 것을 알지만,

많은 유정이 알지 못한다는 점입니다.

부처님의 보배로운 법[佛法]을 온전히 갖추고,

보살로서의 의무를 기쁘게 수행하겠습니다.

모든 중생을 깨달음에 이르게 하겠습니다.

선택할 수 있는 많은 전통적인 귀의문과 보리심 행법이 있다. 타이완의 수행은 아래와 같다.

원보리심

나는 인간과 천상의 즐거움을 구하지 않고, 성문과 연각의 과果를 구하지 않고, 보살도의 과를 구하지 않고, 모든 유정과 더불어 최상의 깨달음을 이루리라 선언합니다.

사무량심

자무량심慈無量心: 일체중생이 행복과 행복의 인因을 갖추길 기원합니다.

비무량심悲無量心: 일체중생이 고통과 고통의 인을 여의기를 기원합니다.

희무량심喜無量心: 일체중생이 고통이 없는 위 없는 행복을 여의지 않기를 기원합니다.

사무량심捨無量心: 일체중생이 행복과 고통에 대한 집착을 여읜 대평등심에 머물기를 기원합니다.

사홍서원

중생을 다 건지오리다: 중생무변서원도衆生無邊誓願度

번뇌를 다 끊으오리다: 번뇌무진서원단煩惱無盡誓願斷

법문을 다 배우오리다: 법문무량서원학法門無量誓願學

불도를 다 이루오리다: 불도무상서원성佛道無上誓願成

언제나 보살의 길을 걷기를

세 가지 장애와 모든 번뇌가 사라지길 기원합니다.

지혜와 참된 통찰 얻기를 기원합니다.

번뇌와 불선행에 의해 일어난 모든 장애가 제거되길 기원합니다.

세세생생 보살의 길 걷기를 기원합니다.

회향

공덕功德과 자량資糧이 있기를 기원합니다.

위로는 네 가지 은혜[四重恩]에 보답하고,

아래로는 삼악도의 고통에 괴로워하는 이들을 돕겠습니다.

이 말을 듣고 보는 이의 마음에

보리심이 피어나길 기원합니다.

이 업신業身이 다하는 날,

모두 정토에 태어나길 기원합니다.

전쟁이 있는 곳에는 평화가 깃들기를 기원합니다.

바람과 비가 적당하여 사람들이 편안하길 기원합니다.

청정한 승가의 수행 성취를 기원합니다.

모든 이가 보살십지菩薩十地에 들 때 장애 없길 기원합니다.

발원

나는 서방정토에 태어나길 발원합니다.

아홉 겹의 연꽃을 부모로 삼길 발원합니다.

꽃이 열리면, 부처님을 뵙고 가르침[佛法]은 무생無生임을 깨달을 것입니다.

결단코 불퇴전의 보살들이 나의 도반이 될 것입니다.

보살은 모든 형상, 크기, 종(種), 그리고 모든 삶과 죽음에서 온다.

빠똘 린포체 전통의 보살수계식 영문본은 다음 웹사이트에서 내려받을 수 있다.
www.lotsawahouse.org/tibetan-masters/patrul-rinpoche/bodhisattva-vow.

크게 생각하기

불교의 관점에서 죽음에 대비하는 가장 좋은 방법은 보리심의 광활한 비전에 들어가 크게 생각하는 것이다. 이렇게 하면 수행의 힘이 기하급수적으로 증가할 것이다.

우리 대부분은 삶과 죽음에 대한 관점에서 주된 문제를 크게 생각하지 않는다. 심지어 불자들도 편협하고 옹졸할 수 있다. 보리심을 일으키고 행하면 세상과 그 안에 있는 일체에 대한 우리의 제한된 인식이 훨씬 더 넓어진다. 편협한 사람들은 오직 본인과 이 생, 자신이 처한 환경에 대해서만 생각한다. 그들은 자신을 넘어선 생각은 거의 하지 않으며, 크게 생각한다 해도 자신의 가족들에 국한될 뿐이다.

죽음이 가까워질 때에야 비로소 자신의 삶이 얼마나 편협하고 이기적이었는지, 그들의 성취 중 실제적이거나 지속적인 가치가 있는 것이 얼마나 적은지, 그토록 많은 시간과 에너지를 소비한 프로젝트들 중 많은 것이 완전히 무의미하거나 결실을 맺지 못했는지 깨닫는다. 이러한 관점에서 보자면 인생이 한 번뿐이라면 죽음은 정말 '지금 아니면 앞으로 기회는 없다' 같은 상황일 것이다.

그러니 마음이 편협한 사람이 죽을 때 자신이 영원히 실패할 운명이라는 것을 확신하는 것이 이상한 걸까? 그들에게 부족한 것은 여러 생애에 걸친 장기적인 비전과 목표다.

만약 그들이 일체중생을 깨어나게 한다는 결의를 다졌다면, 아무리 많은 생을 거쳤더라도 상당히 다르게 느낄 것이다. 그러니 아주 작은 마음을 가진 이가 죽는 순간 자기는 완전히 망했다고 생각하는 것은 이상한 일이 아닐 것이다. 이들은 여러 생에 걸쳐 있는 장기적인 비전과 목표가 없다.

가족과 친구 같은 가까운 인맥의 범주를 넘어서 생각하려고 노력하라. 낯선 사람과 특히 적을 포함한 살아 있는 모든 생명체의 행복을 위한 진정한 관심을 개발하라. 보살의 궁극의 목표는 모든 이가 충분히 먹고 지붕이 있는 집에서 자는 것과 같은 타인을 보살피는 것 이상이다. 보살의 궁극의 목표는 모든 존재가 깨달음을 얻기를 바라는 지극한 염원과 기도다. 이 발원을 계속하면 여러분의 인식은 점점 광대해질 것이다. 이것이 크게 생각하기를 연습하는 방법이다.

3
죽음을 준비하는 간단한 수행

우디 앨런Woody Allen은 종종 "나는 죽는 것이 두렵지 않다. 다만 그 일이 일어날 때 그곳에 있고 싶지 않을 뿐이다"라고 했다.

불행하게도 우디는 삶의 다른 어느 때보다도 죽음의 순간에 '그곳'에 있을 확률이 높다. 그러니 우디 앨런과 같은 사람에게 죽음을 준비하는 방법을 어떻게 설명하면 좋을까?

그가 들을 의향이 있다면 나는 자애와 연민, 일체중생을 깨우치려고 염원하는 보리심에 대해 말해주고 싶다. 또한 탄생과 죽음을 포함한, 우리가 보고 듣고 만지는 등의 일체가 실은 마음에 의해 만들어진 투영에 불과하다는 점도 말해주고 싶다.

그를 한 단계 한 단계 단계별로 알아차림[正念] 수행으로 안내하여 모든 것은 마음의 투영이라는 생각에 익숙해지도록 인도할 것이다. 이는 도널드 트럼프Donald Trump와 같은 사람도 시도할 수 있는 수행이다.

사마타 수행

도널드, 당신의 커피를 들여다봐요. 그냥 보기만 해요.

여러분이 커피를 볼 때 차에 대해 생각한다면, 다시 커피로 생각을 돌리도록 하자. 이를 몇 차례 반복한다.

원한다면 한 단계 더 나아가보자.

커피에 집중하는 대신 지금 이 순간 내 마음을 지나가고 있는 생각을 보자. 그저 생각을 바라보며 관찰한다.

첫 번째 생각이 다음 생각에 얽히지 않도록 한다. 생각을 분석하지 말자. 거부하지 말자. 받아들이지 말자. 심각하게 받아들이지 말자.

재미있는 생각이 아니더라도 바라볼 가치가 있다. 비록 마음속에 떠오른 생각이 너무 세속적이고 진부하고 지루하더라도 이를 조정하거나 개선하려 하지 말고 그냥 바라보자.

이대로 실행해보면 도널드는 자신의 마음이 얼마나 강력한지 알게 될 것이다. 또한 마음이 계속해서 투영을 만들고 방금 한 일도 금세 잊어버리는 것을 깨달을 것이며, 자신이 인식하는 대상이 실재하고 '거기'에 있다고 믿기 시작할 것이다. 그러고 나서 곧 이러한 투영이 자신의 창조물이라는 사실을 잊을 것이다.

일단 마음이 일체를 '대상'(외부 대상)과 '분리된 것'이라고 보기 시작하면, 자신의 투영에서 자신을 소외시키는(분리해서 보는) 법을 익히기 시작한다. 보는 것과 자신은 완전히 별개라고 확신하면서 마음은 모든 종류의 생각과 개념을 만들어내고는 그것들을 찾아다니기 시작한다. 마음은 '신神'이라는 개념을 투영하고는 신을 찾기 위해 자신의 꼬리를 좇는다. 마음은 이렇듯 마조히스트와 같아서, 마치 기도할 대상을 얻기 위해 신과 분리되기를 바라는 듯하다.

여러분이 보는 일체가 자신의 마음에 의해 투영된다는 것을 깨닫고 나면, '일체'는 필연적으로 생성과 소멸, 삶과 죽음을 포함한다는 것을 이해하는 길에 들어선 것이다. 이 내용과 수행은 '살아 있는 것'을 움켜쥐려는 마음을 느슨하게 하는 데 도움이 된다. 여러분은 인생과 삶이 그저 환영의 일부임을 보기 시작할 것이다.

도널드, 이제 좋아하는 골프장에 가서 골프를 칠 것을 강력하게 제안한다. 우디, 당신은 다른 영화를 만들거나 재즈를 연주하는 건 어떨지? 시간을 낭비하지 말자! 해보고 싶었던 것에 투자해보는 것도 나쁘지 않다. 다른 사람들을 행복하게 하려고 노력해보자. 다른 사람을 행복하게 하면 나도 행복해지니까.

여기까지가 우디 앨런, 도널드 트럼프 또는 죽음을 준비하고 싶어 하는 모든 사람에게 하고 싶은 말이다. 나는 이를 거듭 말하고 또 말할 것이다.

알아차림 적용하기

삶의 모든 순간이 작은 죽음을 수반하기에 삶 자체가 죽음을 슬쩍 엿볼 수 있는 수많은 기회를 제공한다. 현대인들은 워낙 산만해서 이 기회를 최대로 활용할 수 있는 사람은 매우 드물다. 그렇더라도 생의 작은 죽음들은 이 생의 끝자락에서 육신의 죽음을 준비하는 데 도움이 된다.

여러분이 해야 할 일은 자신이 하는 모든 일, 모든 순간, 즉 관계, 결혼, 삶의 방식, 거의 다 마신 커피 한 잔에 죽음이 있다는 사실을 알아차리는 것이다.

이 방법은 매우 간단해서 정말로 효과가 있는지 의심스러울 수 있다. 하지만 이 단순한 앎은 인생의 매 순간의 죽음을 이해하는 열쇠다.

항상 무언가를 해야 한다는 느낌 없이 인식하는 방법을 익혀야 한다. 그저 인식하기만 하면 된다.

모순적이지만, 삶에서 경험하는 변화와 죽음은 우리에게 나쁜 것보다 좋은 것을 훨씬 더 많이 가져다준다. 그럼에도 우리는 이 모두에 대해 드라마를 만든다. 특히 '나쁘다'고 부르는 것에는 더욱 그러하다. 그러니 절대적으로 통제할 수 없는 일에 대해 고민하는 대신 삶을 즐기고 감사하는 법을 배우길 바란다.

잠 수행

여러분의 믿음이나 수행이 무엇이든, 꿈은 그저 꿈일 뿐임을 늘 인식하기를 발원하라. 꿈을 꾸고 있으면 이것이 꿈이라는 사실을 알 수 있어야 한다. 우리 모두가 살아가면서 저지르는 큰 실수는 경험하는 일체가 실재한다고 믿는 것이다. 이런 실수는 이제 그만!

잠에 들 때, 곧 죽을 것이라고 가정하며 죽음의 순간을 시뮬레이션해보자. 다음은 발원 수행에 바탕을 둔 방법이다.

와불(臥佛)

불자가 아닌 분들을 위하여

잠에 들려고 누울 때 이렇게 생각해보자.

오늘 밤 나는 다시는 깨어나지 못한 채 죽을지도 모른다.

용서해야 할 사람을 용서하자.

잊어야 할 것은 잊자.

낙엽 떨어지는 소리든 오리 울음소리든 나를 고요하고 편안하게 해주는 것을 떠올려보자.

나와 다른 모든 존재가 편안하기를 기원하는 것이 가장 중요하다. 만약 자신보다 타인을 돌보는 데 더 마음을 쓰면, 큰 기쁨을 얻을 뿐만 아니라 동시에 자신을 잘 돌볼 수 있다.

잠에 빠져들면 눈으로 보는 것, 코로 냄새 맡는 것, 혀로 맛보는 것 등 몸에 대한 인식이 분리된다. 다음 날 눈을 뜨면 다시 태어나 새로운 삶이 이제 막 시작되었다고 상상해보자.

감각과 감각의 대상이 어떻게 다시 연결되는지 관찰해보자.

새들의 노래 소리에 귀를 기울이고, 자신의 입 냄새도 맡아보자. 밤에 입안의 맛을 느껴보자.

다음과 같이 생각해보자.

내가 깨어난 이 세상은 영속하지 않을 것이다.

새 책상과 아직 포장을 뜯지 않은 고급스러운 일본 문구류가 있는가. 그렇다면 지금 바로 사용하며 즐거움을 누리자. 어쩌면 이번이 마지막 기회일 수도 있으니까.

불자들을 위하여

원한다면 베게 위에 모든 불보살께서 모여 계시는 모습을 관상하며, 눕기 전에 절을 하는 고대 불교 전통을 따를 수 있다.

원한다면, 오른쪽으로 누워 부처님을 따라 해본다.

이렇게 생각한다.

이 밤의 수면을 잘 활용하고 싶다.

불법승 삼보를 깊이 믿고 의지한다.

이 밤의 수면이 나와 타인들에게 이익이 되고 의미 있길 바란다.

잠에 빠지려 할 때 이렇게 생각한다.

나는 죽어간다.

내 감각의 의식들이 흩어지고 있다.

일어나면 이렇게 생각한다.

나는 다시 태어났다.

이 덧없는 삶을 잘 활용하고 싶다.

나와 다른 이들의 이익을 위해.

밀교 수행자들을 위하여

단순인지單純認知의 정광명净光明을 자각하고 체험하길 발원한다. 잠에 빠져드는 과정은 정광명을 인식할 수 있는 절호의 기회다. 단순인지가 되기를 간절히 발원하라. 죽음에 이르면 모든 감각기관이 흩어져 이 단순인지는 여러분의 감각이나 감각대상에 대한 반응에 방해받지 않는다. 이제 남은 건 오직 자신의 마음뿐이다.

앞서 설명한 내용과 심장의 중심에 모든 부처의 화신인 스승이 앉아 계신 연꽃을 관상한다. 그리고 나서 잠에 들 때 스승에 대해 생각하라.

4
불자가 죽음을 준비하는 방식

빈손으로 세상에 들어와

맨발로 떠난다.

내가 오는 것과 내가 가는 것—

이 간단한 두 사건

이것이 얽혔던 것뿐이다.[1]

_ 코잔 이치쿄

불자들이 죽음을 수행의 엄청난 기회로 삼는 이유는 무엇일까?

무엇인가를 하지 않아도 죽음의 과정에 들어서면 자연스럽게 깨달음의 토대와 대면하게 된다. 위대한 선지식 쵸감 트룽빠 린포체는 이 토대를 '인간의 근본선根本善'이라 표현했다. 죽음의 순간에 마음은 육신으로부터 분리되어 잠시 동안 불성을 경험한다. 그 찰나에 깨달음의 토대를 자각하면 우리는 해탈할 수 있다.

다른 말로 하자면, 생전에 가르침을 받았던 근본스승이나 금강서언을 함께 세웠던 도반이 죽음의 순간에 여러분을 불성으로 안내하고, 여러분이 그 안내를 받아들인다면 해탈할 수 있다. 그러니 죽음의 순간은 실로 엄청난 기회라고 말할 수 있다.

'해탈의 토대'로 안내를 받으면 만약 죽음의 순간에 해탈하지 못하더라도 여러분의 아뢰야식阿賴耶識에 강한 인상을 남겨, 다음 생에 '불성'이나 '인간의 근본선' 같은 단어가 친근하게 들리거나 데쟈뷰처럼 느껴질 것이다. 둘 다 마하산디 수행을 할 수 있는 기회로 작용할 수 있다.

지금은 여러분의 불성이 몸이라는 고치 안에 갇혀 있다. 모든 현상에 부여한 가명, 자신이 만드는 온갖 분별, 습관, 문화, 가치, 번뇌 안에 갇혀 있다. 불교 가르침의 목적이자 목표는 이 고치로부터 우리를 자유롭게 하는 것이다. 그러나 이 해탈을 온전히 이해하기 위해서는 우선 해탈의 토대에 관해 알아야 한다.

무엇이 해탈의 토대인가?

예를 들면 이런 것이다. 매우 좁은 방에서 소파에 앉아 있다고 가정해보자. 갑자기 춤이 추고 싶어져 소파를 식당으로 옮겼다. 소파가 크고 무겁더라도 옮길 수 있는 물건이고, 소파를 치운 공간은 애초에 비어 있는 곳이었다.

다시 말해 해탈의 토대는 '깨어남의 토대'이고 마치 자각몽 상태와도 같은 것이다. 악몽에 시달려 무섭더라도 깨어나는 순간 그 무서움은 흔적도 없이 사라진다. 기본적으로 아무 일도 일어나지 않았다. 이 아무 일도 일어나지 않은 것이 불성인 해탈의 토대다.

만약 침대에 들기 전이나 잠자리에 들 때 그리고 자고 일어났을 때 거미가 없다면, 꿈속에서 아무리 크고 털이 많은 거미가 나왔더라도 여러분의 침대에 거미는 없었던 것이다. 달리 말해 여러분은 여러분의 꿈이 아니다. 누구도 끊임없이 꿈을 꾸지 않는다. 가끔 꾸는 것이다. 여러분은 여러분의 꿈이 아니므로 깨어날 수 있다. 여러분이 여러분의 꿈이었다면 절대 깨어날 수 없었을 것이다.

해탈의 토대는 이 생에 대한 잠과 같은 환영에서 깨어날 수 있게 해준다. 죽어가는 불자들에게 죽을 때 해탈의 토대에서 깨어날 기회가 주어진다는 것은 매우 고무적인 일이다. 죽음의 순간이 깨어나고 해탈할 수 있는 엄청난 기회임을 기억하자.

하지만 이런 예시와 주장은 특정 불교 가르침에 기반을 둔 것이다. 나는 이러한 방편들을 설명하기 위한 불교 용어를 전혀 이해하지 못하는 비불자들이 죽음이 제공하는 기회를 활용할 수 있을지 종종 의문이 든다. 죽음은 불교의 관점에서 볼 때만 기회가 된다.

세간의 모든 얽힘 자르기

밀라래빠와 같은 과거의 위대한 불교 수행자들은 외딴 곳에서 홀로 고요히 죽음을 맞이하길 바랐다.

내가 아플 때 묻는 이 없고,
내가 죽을 때 애도하는 이 없다.

이 적정처寂靜處에서 홀로 죽을 수 있는 것이

수행자가 바라는 전부다.[2]

사람들이 나의 죽음을 알지 못하기를,

새들이 나의 썩은 시체를 보지 못하기를.

이 산중 토굴에서 죽을 수 있다면,

이 낮은 자의 소원이 이루어지는 것이다.[3]

불교 수행자로서 죽음이 가까이 있고 피할 수 없다는 것을 잘 알고 있음에도 여러분의 일정표에는 사업에 관한 회의와 인맥을 위한 만남으로 가득할 것이다. 여러분의 믿음이 무엇이든 언제나 여름휴가 계획이나 성탄절 가족모임, 추수감사절, 생일잔치 등의 일정이 있을 것이다. 하지만 이미 언급했듯이 이 모든 계획이 반드시 이뤄진다는 보장은 없다. 모든 것이 항상 잘될 것이라는 믿음에 매달리는 것은 실망의 불씨를 키울 뿐이라는 사실을 잊지 말아야 한다. 인류의 가장 심각한 문제의 대부분은 맹목적인 희망과 억측, 지나친 가정에서 발생한다.

죽음이 가까이 다가오기에 세상의 일들은 놓아두는 것이 좋다. 이제 계획을 세우는 일이나 가족 걱정은 그만하자. 이루지 못한 계획이나 일정표에 기록된 약속들은 그만 생각하자.

여러분이 충분히 용감하고 상황을 선택할 수 있다면 죽음이 임박했을 때 되도록 친구와 지인에게 알리지 않는 것이 좋다. 수행자들에게는 임종 시 근심과 불안을 일으키는 요인이 될 수 있는 불필요한 세상일로부터 거리를 두는 것이 매우 중요하다. 밀교 수행자들은 죽어가는 과정과 그 이후에 영적인 도움과 지원을 받을 수 있는 본인의 금강상사와 가까운 법우들에게 알려야 하지만 세속의 친구와 가족들은 멀리하도록 노력해야 한다. 불자가 아닌 아이들과 형제자매, 어머니와 아버지는 여러분의 죽음에서 수행의 측면을 이해하지 못할 것이다. 더불어 그들의 슬픔과 비애로 쉽게 산만해지거나 근심할 수 있다.

불교의 가르침은 죽음이 다가왔을 때 '상처 입은 사슴'의 예를 따라 외딴 곳에 가서 고요히 지내기를 권한다. 하지만 현대사회에서 홀로 죽음을 맞이하기란 쉽지 않다. 언론이 주도하는 대중의 분노, 음모론, 사망한 지 몇 주 후에 부패한 시체가 발견되고 나서 일어날 소송을 상상해보라! 우리 대부분은 온전히 홀로 죽는 것이 불가능할 것 같다. 우리가 통제할 수 있는 것은 누구에게 우리의 죽음을 알리고 누구에게 알리지 말아야 하는가 정도다.

참회

부끄럽고 이기적인 번뇌와 불선행들을 하나하나 마음에 새기며 모두 참회한다. 밀교 수행자는 파계한 사마야samaya*에 대한 서원들을 떠올리며 참회해야 한다. 법사나 법우들 앞에서 하는 것이 좋지만 이것이 불가능하다면 마음속으로 하면 된다. 그런 다음 귀의와 보살서원을 새롭게 한다. 밀교 수행자들이 보살계와 금강계를 재서원할 때,

---

* 금강승의 계율.

같은 금강상사를 모시는 금강 형제자매에게 증인이 되어달라고 요청하는 것이 이상적이다.

마주해야 할 일을 상기하라

'임종의 고통스러운 바르도' 동안 어떤 일이 일어나는지 스스로 상기해야 한다. 그 은멸의 단계는 이 책 10장에 묘사되어 있다. 은멸의 단계는 사람에 따라 다르게 나타날 수 있다. 자신이 처한 상황에 따라 한 번에 나타나거나 단계별로 나타나거나 다른 순서대로 나타날 수 있으니, 죽기 전에 모든 세부사항을 숙지하는 것이 매우 중요하다. 자신이 곧 죽을 것임을 안다면(예를 들어 불치병 진단을 받았을 경우) 즉시 이 가르침을 숙지하여 죽을 때 무슨 일이 일어나는지 알 수 있도록 하자.

귀의와 발보리심

불자들에게 '어떻게 죽음을 준비하는 것이 좋을까?'라는 질문에 대한 가장 명쾌한 답변은 '귀의와 발보리심'이다.

귀의는 죽음을 준비하는 토대이며 알아야 할 것과 해야 할 것을 안내한다. 발보리심과 광대한 사고로 자신을 포함한 일체중생의 깨달음이라는 목표를 향해 무슨 일이 있어도 계속 정진할 용기를 얻고 결단하게 될 것이다. 고통받는 존재들을 계속 돕기 위해 수십억 번 죽고 환생하려는 의지가 죽음을 바라볼 것이다. 자신의 죽음을 거대한 장애가 아닌 사소한 일로 마주할 것이다.

죽음에 가까워질수록 보리심을 더 자주 생각하고 숙고하라. 처음에는 거짓처럼 느껴질 수 있는데, 이는 단지 자신에게 진정한 보리심을 일으킬 능력이 없다고 믿기 때문이다. 이런 마음가짐으로 말미암아 자신에게 쉽게 실망하고 스스로를 사기꾼처럼 느낄 수 있다. 이렇게 생각하지 않아야 한다. 보리심을 일으키는 데 필요한 것은 다른 이들의 행복을 바라는 마음이며, 여러분 안에 그 마음이 있다. 여러분은 관대하고 친절하다. 이미 일생 동안 다른 이들을 행복하게 했고, 그 일이 자신을 행복하게 만들었다. 여러분에게는 일체중생을 행복하게 해주려는 마음과 그럴 능력이 있다는 것을 기억하길 바란다. 늘 그 능력을 믿어야 한다. 돕고자 하는 발원을 일으키고 개발하라.

물론 가끔은 BMW 차량을 몰고 마지막으로 독일의 아우토반을 달리고 싶을지도 모른다. 사용감이 많은 여행가방을 보면 죽기 전에 인도에 가보고 싶을지도 모른다. 날씬하거나 통통한 예쁜 조카의 결혼식을 보고 싶을지도 모른다. 이럴 때일수록 진제眞諦보리심*의 숙고가 중요하다.

---

* 승의제(勝義諦) 또는 승의보리심이라고도 한다. 마음의 궁극적 본성과 모든 현상의 본성, 모든 개념적 구조를 넘어선 상태 그리고 생겨나고 머물고 사라짐의 너머에 있다. 각각의 존재에 내재된 불성을 인식하는 것이다. 모든 현상의 자성(自性)이 공(空)함을 깨달은 이들만이 알 수 있다.
속제(俗諦)의 보리심은 원보리심과 행보리심 두 가지로 나뉜다. 원보리심이란 일체중생을 위하여 깨닫고자 발원하는 것이고, 행보리심은 그 원을 육바라밀 수행을 바탕으로 실행에 옮기는 것이다. 즉 원보리심은 목표를 정하는 것이고 행보리심은 실제 목표를 달성하는 것을 말한다. 대승의 핵심은 윤회계가 존재하는 한 자신만을 위함이 아닌 일체중생을 위한 원보리심과 행보리심이다 - 옮긴이.

진제 보리심

임종에 임박했거나 죽는 순간에 승의제를 닦기란 무척 어려우니, 아직 살아 있을 때 닦도록 하라.

숙고해보자.

> 삶은 마음의 투영이자 신기루.
> 죽음은 마음의 투영이자 환영.
> 태어남은 투영이자 꿈.
> 바로 이 존재가 투영이자 꿈이다.
> 커피 맛은 투영이며 심지어 커피도 환영이다.

부자연스럽거나 가짜처럼 느껴지더라도 삼사라의 본성이 환영이라는 사실을 늘 떠올려야 한다. 이 생각에 익숙해질 때까지 자주 가짜처럼 느껴지겠지만, 죽음의 순간에 대비하는 최고의 준비는 이 가짜다. 그리고 임종의 순간에는 모든 용기를 불러일으킬 필요가 있다.

이 삶이 꿈과 같은 환영이라는 사실을 잊지 않으면 삶과 죽음이 악몽보다 조금 나은 것으로 보는 데 도움이 된다. 이 둘은 모두 환영이다. 하지만 그렇다고 해서 이들이 존재하지 않는다는 뜻은 아니다. 커피는 커피 맛이 나지 오렌지주스 맛이 나지 않는다. 금은 금이지 황동이 아니다. 삶과 죽음이 환영이라는 사실을 받아들이는 것은 우리가 보고 느끼는 모든 것이 인간의 투영이라는 것을 인정하는 것이다. 딱정벌레에게 커피는 커피가 아니다. 낙타에게 오렌지주스는 오렌지주스가 아니다. 개에게 금은 아무런 가치가 없다. 어떤 투영은 무척 가치가 있어 보이는 반면 어떤 투영은 가치가 없어 보인다. 인간의 투영들을 통해 배운 가치를 바탕으로 그 둘을 구별해야 한다. 마침내 온전히 깨어나서 깨닫게 되면 수조 번의 인생을 통해 체험한 일체가 그저 꿈일 뿐이라는 사실을 알게 될 것이다. 마치 끓는 물에 찬물을 붓는 것과 같다. 이런 종류의 숙고가 도움이 된다.

수행에 집중하라

운이 좋아서 자신이 1년, 1개월, 1주일 이내에 죽을 것을 확실히 보았다면 수행에 집중해야 한다. 죽음이 임박했으므로 가장 쉬운 수행에 집중하는 것이 좋다. 새로운 수행법이나 가르침을 배울 시간이 없다. 가장 중요한 일은 삼보에 귀의하는 것이다. 대승 수행자라면 귀의와 발보리심을 한다. 온 마음으로 발보리심 수행을 하고 발원기도문을 염송하라.

만약 밀교 수행자라면 살아 있을 때 꾸살리 수행으로 몸을 공양 올려라. 꾸살리는 죽음의 순간에 의식을 옮기는 포와phowa 수행과 비슷하므로 매우 유용하다.

롱첸닝틱 꾸살리 수행 영어 간략본은 다음 웹사이트에서 내려받을 수 있다.
www.lotsawahouse.org/tibetan-masters/dodrupchen-I/longchen-nyingtik
"6. The Accumulation of the Kusulu: Chö"
다키니의 웃음소리는 다음 웹사이트에서 내려받을 수 있다.
www.zangthal.co.uk/files/Chod%202.1.pdf.

가진 것을 나누자

현실적으로 말해서, 자신의 죽음이 임박했다는 것을 확실히 알고 나면 재산과 소유물을 잘 사용하도록 노력하라. 가진 것이 무엇이든 중생들과 법의 중흥을 위해 기부하자. 그것이 실과 바늘이어도 좋다. 가르침[佛法]에 모든 것을 올림으로써 두려움이 없어진다. 자선단체나 병원, 학교 등에 기부하는 것도 아주 좋은 일이다.

죽음이 임박했다는 생각에 익숙해지기

200미터 접영에서 마이클 펠프스Michael Phelps를 이길 만큼 강하고 건강하더라도, 죽음을 준비하는 데 서둘러서 나쁠 게 없다.

잠이 들 때 62~65쪽의 잠 수행을 해보자. 밤에는 죽어서 즉시 아미타불阿彌陀佛 정토에 다시 태어나기를 발원하면서 잠에 든다. 다음 날 깨어나면 모든 현상은 일시적이라는 사실을 기억하자.

꿈을 꾼다면 그 꿈이 바르도임을 기억하자.

✳

본래 이 장은 불자들을 위해 작성했지만 수승한 불자들, 이제 막 불교 가르침을 만난 이들, 비불자들, 무신론자들, 죽어가는 이들을 돌보는 이들 모두 수행할 수 있다. 모든 이가 할 수 있다.

5
발원 수행

벗이여, 살아 있는 동안 손님을 맞으라.

살아 있는 동안 경험 속으로 뛰어들라!

살아 있는 동안 생각하고 또 생각하라.

그대가 말하는 구원은 죽음이 오기 전의 일이다.

살아 있는 동안 그대의 밧줄을 끊지 않으면, 나중에 유령이 대신해
주겠는가?

육체가 썩었다고 해서 영혼이 황홀경과 다시 합칠 것이라는 생각
은 모두 환상이다.

지금 발견한 것은 그때도 발견하리라.

지금 그 무엇도 발견하지 못하면, 죽은 도시의 숙소에 남겨질 뿐.

대불(아미타불)

지금 신과 사랑을 나누면 다음 생에 만족한 얼굴로 태어나리라.

그러니 진리 속으로 뛰어들어 스승을 찾고, 그 위대한 음성을 믿으라!

카비르는 이렇게 말한다. 그대가 손님을 찾을 때, 그 모든 일을 하는 것은 손님을 향한 그리움이 강렬하기 때문이다.

나를 보라. 그 열정의 노예를 보게 될 것이다.[1]

_ 카비르

전통적으로 아미타불(아미타부처님)을 믿고 의지하는 수행과 아미타불이 계신 서방 극락정토에 태어나길 발원하는 기도는 장기적으로 죽음을 준비하는 가장 좋은 수행 중 하나다. 임종을 앞둔 이들에게 특히 추천한다.

원한다면 구루 린포체를 믿고 의지하며 그분의 동색길상산銅色吉祥山(상독빼리 정토, 적동산赤銅山)*에 태어나길 기도하거나, 따라보살의 터키석 나뭇잎 정토에 태어나길 기도해도 좋다. 본인이 선호하는 부처님의 정토에 태어나길 기도하면 된다.

아미타불

밤 중의 마지막 밤

싸리나무가 속삭인다

---

* 구루 린포체 파드마삼바바의 정토. 티벳어로는 상독빼리(Zangdokpalri), 영어로는 Copper-Coloured Mountain, 한자권에선 적동산, 연화광정토(빠드마위마나)라고도 한다 - 옮긴이.

"부처님, 부처님…."2

_ 렌세키

집착하고 관상하고 발원할 무언가가 필요한 우리를 위해 자비로운 부처님께서는 아미타불에 관한 많은 가르침을 주셨다. 아미타불의 몸은 붉은색이고 서방 극락정토에 거하신다. 앞서 말했듯이 아미타불은 해탈의 토대이기도 하다. 그래서 이 책을 읽는 동안에도 아미타불께서는 우리와 함께다. 놓쳐버린 소의 발자국을 따라가다 보면 언젠가 소를 보듯이, 아미타불과 서방 극락정토를 떠올리면 우리 내면의 아미타불께 이르게 된다. 이것이 우리가 왕생극락 발원 수행을 하는 이유다.

전생에 보살로서 외부의 상징적인 아미타불이 고통에 시달리는 존재들에게 이로움을 주려는 강한 발원을 어떻게 했는지에 관한 많은 이야기가 있다. 아미타불께서는 자신의 모습을 떠올리거나 불호佛號를 호념護念하기만 해도 유정들이 임종 후 즉시 정토에 태어나게 해달라고 기도했다. 그래서 불자들은 살아 있는 동안 아미타불을 떠올리고 진언을 염송하는 데 익숙해지기 위해 정진한다. 이것이 발원 수행을 귀히 여기는 이유다.

서방 극락정토는 해가 지는 서쪽 방향에 있다고 한다. 극락왕생 기도는 언제나 할 수 있다. 더불어 불자들은 석양을 바라보며 아미타불과 정토를 떠올리는 것을 좋아한다. 서쪽을 바라보며 정토는 석양 바로 아래에 있고, 죽는 순간 아미타불과 함께할 것을 진심으로 발원하고 이를 온전히 믿는다.

정토에 대한 묘사는 중국과 일본, 티벳 등의 위대한 선지식들이 편찬한 기원문에 많이 나온다. 마음의 눈으로 정토를 그려보자. 웅장한 설산에 둘러싸인 싱그러운 풀밭, 활짝 핀 연꽃이 가득한 칠보연못과 백학, 웅대한 궁전과 섬세한 당번幢幡, 아름답게 장엄된 일산日傘과 보배로 장엄된 누각, 기묘한 여러 빛깔의 새들과 온갖 동물. 우리 마음은 정토에 관한 모든 것에 끌리고 매료된다.

이 모든 장엄의 가운데에는 청금석과 최고급 옥, 눈부신 다이아몬드, 칠보, 진주로 장엄된 서방교주 아미타불의 도량이 있다. 마음의 눈으로 모든 세부사항을 그려보라.

아미타불께서는 그 도량의 중심에 거하신다. 아미타불의 광명은 보기 좋아서 해와 달의 광명보다도 천억 배나 밝고 광명 중에 존귀하다. 이와 같은 광명이 시방일체세계를 두루 비추니, 인연이 있어 그 광명을 보는 중생들은 마음의 때가 멸하고, 선한 마음이 생겨나며, 몸과 뜻이 부드러워진다. 자비와 연민이 가득한 아미타불 곁에는 여러분이 함께하기를 기다리는 보살성중과 공양을 올리는 천신들이 있다.

아미타불 앞에는 연꽃봉오리들로 가득한 칠보연못이 있고 서방세계에 왕생한 유정들은 연꽃에서 화생한다. 이 정토에 왕생하길 간절히 염원하고 이 연꽃들을 직접 보기를 발원하라.

이 수행을 자세히 설명하자면, 아미타불 오른편에는 관세음보살 왼편에는 금강수보살金剛手菩薩, Vajrapani이 계신다. 관세음보살은 언제나 여러분을 보호하고 인도할 준비가 되어 있으며, 금강수보살은 언제나 장애를 제거할 준비가 되어 있다.

원한다면 서방을 향해 절을 하고 꽃을 올리고 향을 사르며 나무아
미타불, 아미데와흐리를 염송하거나 아래의 내용을 따라 해보자.

아미타불 불호 진언

옴아미데와흐리

아미타불 심장 진언

옴빼마다리훔

아미타불 다라니

tadyathā amite amitod bhave amita sambhave amita vikrānta
gāmini gagana kīrti kari sarva kleśa kṣayaṃ kari svāhā

따디야타 아미떼 아미또 바웨 아미타 쌈바웨 아미타 위끄란다 가
미네 가가나 끼르띠 까레 싸르와 끌레사 끄사얌 까레 스와하

티벳어 기원문 중 가장 아름다운 기원문은 「라가 아세」로 '까르마
착메 린포체'께서 쓰셨다.

실제 린포체와 젠스 한센이 영어로 번역한 「정토기원문」은 다음 웹사이트에서 내려받
을 수 있다. http://www.nic.fi/~laan/sukha.
다른 아름다운 발원 기도문이 많은데, 그것들의 영어 번역본은 다음 웹사이트에서 내
려받을 수 있다.
www.lotsawahouse.org/topics/amitabha-sukhavati/.

아미타불의 극락정토

늙은 목수 이야기

'늙은 목수'라는 옛이야기를 보면 발원 수행의 힘을 알 수 있다.

옛날, 세간의 일과 돈벌이에 무척 집착했던 노인 목수가 있었다. 심지어 죽어가면서도 다음번 일거리와 그것으로 벌어들일 돈을 계산했을 정도다. 효심이 깊은 딸은 아버지가 곧 돌아가실 것 같아 보였다. 그런데 아버지는 다가올 죽음에 아무런 준비가 되지 않은 것이 분명했다. 그래서 딸은 먼 나라의 부유한 한 영주가 건물을 짓고 싶어한다고 말했다.

"아버지, 어느 영주가 정토에 아미타불의 도량을 지어달래요!"

노인은 그 말을 듣자마자 짜증을 냈다. 일을 하러 길을 나서야 하는데 여행이 불가능할 정도로 이렇게 아픈 것이 너무 억울했다. 하지만 침대에 누워 아미타불 도량을 설계하기 시작했다. 노인은 필요한 공구와 자재들의 목록을 다 작성하기도 전에 세상을 떠났지만 죽자마자 바로 정토에 왕생했다.

위대한 선근공덕善根功德을 지닌 근기가 수승한 이들은 비할 수 없는 신심을 지니고 있다. 만약 여러분이 이런 사람이라면 극락왕생을 발원하기만 하면 된다. 지금 발원하기 시작한다면 죽음이 찾아왔을 때, 강해진 발원의 힘이 자신의 마음을 가득 채워 두려움과 공황, 번뇌뿐만 아니라 그 밖의 어떤 것도 들어올 틈이 없다.

지금 그 갈망을 일으키기 시작한다면, 죽음이 찾을 때쯤이면 그 갈망이 너무 강해지고 마음에 가득 차서 두려움, 공황, 고뇌 또는 그 밖의 어떤 것도 허용하지 않을 것이다. 어쩌면 축구팬이 챔피언스 리그 결승전을 보며 테스토스테론과 아드레날린이 솟구치는 것과 비슷할지도 모른다. 진정으로 믿는다면 다른 무언가를 할 필요가 없다. 죽음의 순간에 즉시 극락왕생할 테니까 말이다.

> 나는 왜 주저하는가?
> 내게는 여행 허가증이 있다.
> 아미타 부처님에게 받은3
> _ 카라이

이 발원과 그리움은 어떤 느낌일까? 깊은 사랑에 빠졌다고 상상해보자. 그런데 여러분의 연인은 마을 반대편에 살고 있다. 여러분은 그를 너무 그리워한 나머지 지붕에 올라 그의 집이 있는 쪽을 바라보며 그와 함께 있기를 갈망한다. 이와 같은 갈망과 그리움으로 아미타불을 향한 신심을 키워야 한다. 이는 죽음을 준비하는 아주 훌륭한 길이다.

정토불교의 아미타불

정토불교淨土佛敎는 때로는 정토종淨土宗으로 불리기도 한다. 현재 동아시아 지역에서 매우 인기 있는 종파 중 하나다. 아미타불과 정토를 믿고, 죽은 후 극락왕생을 기원하는 대승불교의 종파로 한국과 중국, 일본 등에서 여러 종파를 볼 수 있다. 정토종에서는 아미타불을 향한 오롯한 신심으로 깨달음이 보장되는 정토에 왕생할 수 있다고 가르친다. 아미타불의 염불과 경전을 독송하는 수행은 동아시아에서 매우 인기가 높다.

구루 린포체의 정토인 동색길상산

중국의 아미타불 진언

나무아미타풔南無阿彌陀佛

일본에서 아미타불은 아미타부츠(아미타불)와 아미타뇨라이(아미타여래阿弥陀如来)로 알려져 있다. 일본 정토불교의 종파에는 정토종과 정토진종浄土真宗이 있다.

아미타불은 임종 직전에 우리를 정토로 인도하기 위해 오신다고 한다. 그분의 이례적인 위신력威神力은 지옥이 텅 빌 때까지 지옥 중생들을 해탈시키겠다는 위대한 서원에서 비롯된다. 부정적이고 이기적이며 탐욕스럽고 폭력적인 사람이더라도 죽음의 순간에 아미타불을 떠올리면 정토에 왕생할 수 있다.

일본의 아미타불 진언

나무아미타부쓰

일본의 아미타여래 진언

옴아미리타테이세이카라운4

구루 린포체

구루 린포체 파드마삼바바와 법연이 더 가깝다면 그분의 정토인 동색길상산에 왕생하기를 발원하라.

남서쪽에 위치한 이 정토는 피바다와 해골더미, 황금 무더기, 송곳니에서 피가 떨어지는 뿔이 난 식인귀로 둘러싸여 있다. 산 정상에는 수정과 청금석, 루비, 에메랄드로 지어진 궁전이 있고, 그 중심에 보석으로 장엄된 달과 해 방석이 있고, 그 위에 파드마삼바바께서 좌정하고 있다. 그분의 몸에서는 모든 존재를 향해 무조건적인 자비와 연민을 발산하면서, 아름답고 찬란하고 위풍당당하고 영광스러운 무지갯빛이 끊임없이 방사된다. 구루 린포체의 오른쪽에는 여성의 나툼인 만다라바 공주가, 왼편에는 예세초걀이 있다. 과거 위대한 선지식들은 온 누리를 덮은 눈처럼 산에 앉아 있다.

동색길상산에 왕생을 발원하는 많은 기도문을 웹사이트에서 영어로 볼 수 있다. 가장 좋아하는 기도문을 염송하고 남서쪽을 향해 절하라.

「동색길상산 기원문: 영광의 산에 들어가는 비밀의 길」직메 링빠 지음, 로짜와 하우스. www.lotsawahouse.org/tibetan-masters/jigme-lingpa/secret-path-mountain-glory.
「동색길상산 왕생 발원문」잠양 켄체 왕뽀 지음, 에릭 빼마꾼상 옮김.
www.levekunst.com/a-chariot-for-knowledge-holders/.
「영광의 산을 향한 발원문」잠양 텐체 최끼로되 지음, 로짜와 하우스.
www.lotsawahouse.org/tibetan-masters/ jamyang-khyentse-chokyi-lodro/ aspiration-for-mountain-of-glory.

아르야 따라

'따라보살'께 신심이 있는 분들은 비취색의 북쪽 방향을 바라볼 것이다.

아르야 따라의 정토에서는 보살들과 새들, 호랑이들을 포함한 모든 존재가 여성이다. 아르야 따라는 웅장하고 투명한 청금석 궁전의 중앙에 거한다. 불보살들과 수천 명의 다키니들이 따라보살을 둘러싸고 있고, 따라보살의 행은 매우 빠르고 평화롭고 눈부시다. 그들의 지혜마음은 자비와 연민으로 흘러넘친다.

세라 칸도의 영역 기도문 「이익과 행복의 증장: 다키니 정토 왕생 발원」은 다음 웹사이트에서 내려받을 수 있다.
www.lotsawahouse.org/tibetan-masters/sera-khandro/ tara-pureland-aspiration.

이 수행에 일념정진한다면 삶과 죽음을 대하는 방식이 거의 같아질 것이다. 살아 있는 것과 죽는 것이 그다지 큰 일이 아니게 된다.

죽음이 코앞에 있거나 죽음을 생각할 수 없을 정도로 젊고 건강하더라도 생각을 크게 가지려고 애쓰는 것이 좋다. 일체중생을 해탈로 이끌겠다는 임무가 거대하고 벅차게 느껴지겠지만 되도록 즐겁게 받아들이도록 노력하라. 만약 이렇게 한다면 죽음에 직면했을 때 우울해지거나 지구상에서 가장 쓸모없는 존재라고 생각하여 자기연민에 빠지는 대신 임무 완수를 기대하게 될 것이다.

이 내용이 너무 버겁게 들린다면 스스로에게 이런 말을 해보자.

녹색 따라보살

나는 온 마음을 다해 대보살들이 행한 모든 불사에 동참하고 돕고 기여하며 일체중생을 깨달음으로 이끄는 염원을 성취하기 위해 계속 정진할 것이다.

온 마음을 다해 보살승가의 일원이 되길 발원하라. 보병, 전사, 요식업자, 의사 등 직업이 무엇이든 어떤 능력을 가졌든 간에 그들의 위대한 불사에 기여하길 발원하라. 원한다면 인도의 선지식 샨티데바의 말을 빌려보자.

저는 의지할 곳 없는 이의 의지처가 되고
길 가는 이의 안내자가 되며
물을 건너는 사람의 배가 되고
뗏목이나 다리가 되게 하소서.

저는 섬을 찾는 이에게 섬이 되고
등불을 구하는 이에게는 등불이 되며
침구를 원하는 자에게 침구가 되고
종[奴婢]을 구하는 모든 이의 종이 되고자 합니다.

여의주如意珠나 행운의 보병寶甁이 되며
진언이나 효험效驗 있는 약이 되고
모든 이의 여의수如意樹가 되며

몸을 가진 모든 이가 원하는 것을 주겠나이다.

대지人地 등의 원소[大種]가 되며
허공과도 같이 항상恒常하고
무량의 중생에게
그들 삶을 위한 갖가지 바탕이 되게 하소서.

허공 끝에 이를 때까지
갖가지 모든 중생계에도
그들 모두가 고통에서 벗어날 때까지
제가 그들 삶의 근원이 되게 하소서.[5]

일본의 장례식

6
고통스러운 죽음의 바르도

죽어가는 과정과 죽음 자체는 꿈과 비슷하다. 좋은 꿈이든 나쁜 꿈이든 일단 꿈을 꾸고 있다는 것을 자각하면 더 이상 일어나고 있는 일이 실재라는 믿음에 얽매이지 않는다. 무지와 희론戲論에서 자유로워지면 더 이상 희망, 두려움, 탐욕, 분노, 아만, 불안과 같은 번뇌에 시달릴 필요가 없다.

살아 있는 동안 우리는 오감을 통해 세상을 경험한다. 귀로 음악을 듣고 눈으로 아름다운 풍경을 본다. 이러한 경험은 습習을 형성한다. 웅장한 일몰을 보았기에 평생 동안 일몰을 감상할 수 있는 것이다.

오감은 제대로 작동하기 위해서 인체를 구성하는 원소들에 의지한다. 평화로운 죽음에서는 원소들이 차례대로 은멸한다. 반면 급작스러운 죽음을 맞으면 그 충격으로 원소들이 심하게 놀란다. 어느 쪽이든 죽음을 맞으면 원소들이 은멸하고 오감은 더 이상 기능하지 못한다. 그럼에도 아직은 인식할 수 있다. 하지만 모든 인식은 날것이고 여과되지 않아 주변 환경과 상호작용하는 방법이 바뀐다. 죽으면 생전의 시력과 청력 상실에 적응해야 한다. 그러려면 몇 가지 조정이 필요하다.

죽고 나면 완전히 다른 환경에 놓인 자신을 볼 것이다. 이때 살아생전 마음훈련을 하지 않았다면 작은 희망이 섞인 커다란 공포를 겪을 것이다. 그러나 어떤 형태로든 마음훈련을 했다면, 예를 들어 단순한 사마타 수행이나 밀교의 정교한 마음훈련을 했다면, 그 사자死者의 인식과 투영, 마음을 관찰하는 방법은 마음훈련을 하지 않은 사자와는 많이 다를 것이다.

상근上根의 유가행자瑜伽行者들은 죽음의 과정과 죽음의 모든 순간을 통제할 수 있을 것이다. 심지어 중근의 유가행자들도 일정 수준의 올바른 알아차림을 유지할 수 있으며, 이 자체만으로도 상당한 안도감을 가질 수 있다. 그러나 가장 중요한 것은, 마음훈련을 했든 하지 않았든 인식하는 모든 것이 자신의 마음이 만들어낸 투영이라는 점이다. 그러므로 바르도에 대한 각자의 인식은 고유한 것이다. 그리고 가끔 꿈에서 오래전에 죽은 친구들을 보는 것처럼 바르도에서 아는 사람들과 마주칠 수도 있다.

까르마가 죽어가는 과정에 영향을 끼치는가?

까르마[業]는 무척 강력해서 삶과 죽음의 모든 순간에 영향을 끼친다. 선업善業이 있다면 자주 이사를 다니더라도 언제나 좋은 집으로 간다. 구인광고를 내면 언제나 선하고 정직한 사람을 만난다. 무엇을 먹더라도 언제나 음식이 맛있다. 불선업不善業이 강하다면, 누구를 만나더라도 결국 다툰다. 많은 사람이 좋아하는 음식을 먹더라도 체한다. 이와 마찬가지로 어떻게 죽는가도 자신의 까르마에 달려 있다. 선업을 많이 쌓은 사람은 죽음의 과정에 대항하지 않고 침착하고 현명하게 죽음을 맞이할 것이다.

그렇다면 선업과 불선업이란 무엇일까? 이는 자신의 관점에 달려 있다. 어떤 이는 임종 시 가족과 친구들에게 둘러싸인 것을 선업이라 생각할 수 있고, 어떤 이는 깊은 숲속에서 통곡도 소란도 없이 홀로 조용히 죽는 것을 선업이라 생각할 수 있다. 어떤 이는 임종 시 침대 머리맡에 누군가가 있어 바르도에서 해야 할 일을 읊어주거나 염불해주는 것을 선업이라 생각하기도 한다.

까르마는 모든 죽음의 과정과 최종 은멸에 이르기까지 영향을 끼칠 것이다. 죽기 직전의 마지막 생각은 여러분을 바르도로 이끄는 실이 되어 그 생각의 향기와 그 생각으로부터 이어지는 연속적인 면이 여러분의 바르도 경험 전반에 스며든다. 그래서 마지막 생각이 결정적으로 중요하다.

씨앗의 품질이 정원사가 가꾸는 식물의 질과 양에 영향을 주듯, 과거의 선행과 불선행은 여러분이 어디에서 환생할지를 결정할 것이다. 정원사가 곰팡이가 피었거나 으깨진 씨앗을 심는다면 어떤 싹도 틔우지 못하는 나쁜 결과를 초래하고, 신선하고 건강한 씨앗을 심는다면 식물이 잘 자라 번성하는 좋은 결과를 얻지 않겠는가.

죽음의 순간은 어떤 느낌일까?

몸과 마음은 일생 동안 떼려야 뗄 수 없이 얽혀 있다. 죽음의 순간, 처음으로 마음은 몸과 분리되는 경험을 한다. 시신은 화장하거나 매장해서 자연적으로 분해되도록 내버려둘 수 있는 반면 마음은 연속된다. 죽은 다음 마음의 경험은 전에 알던 것과는 완전히 다를 것이다.

태어날 때부터 색안경을 쓰고 태어나서 50세까지 착용했다고 가정해보자. 그러다 50세에 색안경을 벗는다면, 주변 환경이 완전히 달라 보인다. 분명 두렵고 불안정하며 혼란스럽고, 어쩌면 매혹적일 수 있지만 한 가지는 확실하다. 모든 것이 이전과 완전히 다르다는 것. 죽음의 순간이 바로 이렇다.

임종 시 일어나는 일의 구체적인 내용은 살아 있는 동안 자신의 마음을 얼마나 들여다보았는지에 달려 있다. 살아 있는 동안 마음을 닦지 않았다면 죽음의 순간 무서울 것이다. 너무도 무서워서 기절할지도 모른다.

임종 시 의식의 유무는 생전에 얼마나 의식을 잘하는지에 달렸다. 다른 말로 하자면, 지금 현재 인식을 잘하고 있는지를 보면 된다. 마음에서 몸이 분리되는 것은 충격 그 자체다. 마치 야구방망이로 머리를 맞은 것과 같다. 그래서 대부분의 사람들이 기절하는 것이다. 그러나 의식이 없다고 해서 나무토막처럼 무생물은 아니다. 원소들과 감각의식이 은멸되고, 눈·귀·혀 등의 기능이 상실되며, 생전에 가졌던 생각이나 정체성에 대한 기억이 없을 것이다. 하지만 더 이상 거친 의식을 경험하지는 못해도 스스로를 아는 마음은 절대 잃어버릴 수 없는데, 이것이 마음의 본성이다. 마음의 본성은 잃어버릴 수 있는 것이 아니다.

결국 여러분은 기절 상태에서 깨어나게 된다. 비록 죽었지만 보고 듣고 느끼고 냄새 맡고 만질 수 있다. 하지만 이는 몸의 기관을 통한 감각이 아니다. 죽음에서는 모든 것을 마음으로 바로 인식한다.* 즉 마음의 눈으로 보고, 마음의 귀로 들으며, 마음의 몸으로 느낀다. 사후에 인식하는 것은 정확히 예측하기가 매우 어렵다. 친척들과 친구들을 볼 수 있지만 그들을 보고 자신이 행복하거나 슬프거나 무서울지는 전적으로 자신의 상황에 달렸다. 살아 있는 동안 마음이 속임수를 쓴 것처럼 사후에도 마음의 속임수는 계속된다. 그러니 여러분이 보는 모든 것은 항상 자신의 속이는 마음에 의해 만들어진 것이다.

반려동물을 아끼는 사람들이 나에게 동물도 유사한지 물었다. 동물은 체질, 원소, 감각, 문화, 교육이 다르기 때문에 그들의 투영은 인간의 것과는 매우 다르다. 무엇보다 동물은 계획을 세우지 않는다. 창업하거나 비즈니스 제국을 관리하지 않기에 그들의 죽음과 사후의 투영은 인간과 상당히 다를 것이다. 생전의 작은 곤충의 투영은 사후의 투영과 많이 다르지 않다. 곤충과 동물은 살아 있는 동안 인간보다 더 공황과 불안 상태에 있기 때문에 바르도 상태에서의 불확실성이 낯설지 않을 것이다.

---

* 이를 의생신(意生身, Mano-mayakaya)이라 한다. 사자의 의식이 육체를 떠난 뒤 바르도의 상태에서 얻는 몸을 말한다. 이는 단지 극도로 미세한 풍심(風心) 가운데서 풍(風), 오광명풍(五光明風)만을 질료로 해서 생겨난 바람과 같은 몸인 까닭에 그렇게 말한다. 다시 말해 색온(色蘊)으로 형성된 몸이 아닌 수상행식(受想行識)의 사명온(四名蘊)만으로 생성된 환화(幻化)와 같은 몸인 까닭에 의생신이라 부른다. 『밀교의 성불원리』(중암 역저, 정우서적, 2009) 참고 - 옮긴이.

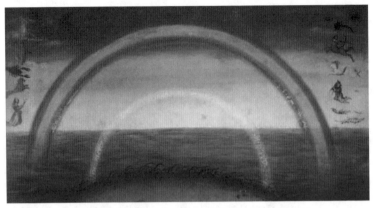

'언약의 징표' 아우크스부르크의 기적의 책 중 창세기 부분(ca. 1552)

사후에는 무엇을 보게 될까?

대체로 불자들은 바르도 체험과 사후에 보는 것이 까르마에 달렸다고 말한다. 살았거나 죽었거나 여러분은 언제든지 쌓아놓은 업의 대상이 된다.

'불선행은 불선업을 쌓고 선행은 선업을 쌓는다'라고 말하는 것은, 인과因果를 정형화하며 지나치게 단순화한 것이다. 이는 우리가 종종 저지르는 실수 중 하나다. 어떤 행동이나 상황을 '옳고 그름'으로 판단하기란 몹시 어렵다. 이는 업을 짓는 자의 마음의 동기에 전적으로 달려 있기 때문이다. 그러므로 어떤 특정 행동의 과보果報는 사람마다 모두 다르다.

우리가 올바른 동기를 가졌다고 어떻게 확신할 수 있을까? 우리는 자신의 동기가 올바르다고 생각할지 모르지만, 스스로를 속이는 것은 매우 쉬운 일이다. 이른바 '올바른 동기'는 이기심에 뿌리를 두고 있는 경우가 너무도 많다. 우리의 동기가 확실하지 않은데 까르마가 가져올 결과를 어떻게 확신할 수 있을까? 각각의 개별적인 업의 원인에 따른 고정된 결과는 없다. 예를 들어 부자나 아름다움은 좋은 것이라고 생각하지만 대중매체에 나오는 부자와 아름다운 이들이 반드시 행복한 것만은 아니다. 그래서 선업과 불선업은 정형화될 수 없고 그 결과도 마찬가지다.

육도

생전에 행동의 동기가 분노라서 화를 많이 내고 공격적이었다면 다음 생에도 화를 낼 것이다. 화를 잘 내는 사람은 기쁨을 느끼기 어렵기 때문에 아마도 살고 있는 곳을 좋아하지 않을 것이다. 방금 세탁을 마친 수건이 아무리 깨끗하고 하얗더라도 무슨 수를 써서라도 얼룩을 찾아낼 것이다. 장미가 만발한 정원은 그저 가시덤불일 뿐이다. 소파가 푹신해도 결코 편하게 앉을 수 없다. 날씨가 아무리 좋아도 너무 덥거나 너무 추울 뿐이다. 사실 어디에 있든 결코 느긋할 수 없다. 언제나 불평할 것이 있고, 화상을 입거나 거리에서 강도를 당하거나 자상을 입기 쉽다. 불자들은 이를 '지옥'이라고 부른다.

인색함과 탐욕만이 마음의 동기인 욕심 많은 구두쇠들은 그 인색함이 다음 생에도 나타난다. 구두쇠들은 다른 이들은 물론이고 자신에게도 인색하다. 자동차 세 대와 집 두 채, 최신식 주방과 보석 등 소유물이 아무리 많아도 자신을 위해 어떤 것도 쓰지 않으며 가진 것이 없는 이들에게 절대 베풀지 않는다. 과시하듯 비싼 옷을 사지만 가격표는 아마도 죽기 전에나 떼지 않을까. 너무도 인색해서 절대로 자신을 위해 고급식당에서 식사하지 않는다. 배고픈 누군가를 위해 밥을

지옥

구두쇠의 끝

사는 일도 없다. 가진 것이 아무리 많아도 결코 충분하지 않다. 이들은 죽을 때 살아생전 가깝게 지내지도 않던 친척들이 자기 재산을 거리낌 없이 낭비하는 것을 보고 고문 수준의 고통을 느낄 것이다. 불자들은 이를 '아귀계'라고 부른다.

주변에서 일어나고 있는 상황을 전혀 눈치채지 못하는 둔감한 이들이 있다. 심지어 타인의 고통을 고의적으로 모른 척하기로 결정할 수도 있다. 이런 사람은 누구에게든 동정심을 갖지 않으려 최선을 다하고, 어리석고 무지하며 공감능력이 결여되어 있다. 자신의 점심을 위해 거북이나 바닷가재가 끓는 물에 빠져 괴로워해도 전혀 동요하지 않는다는 자부심을 느낀다. 뻔뻔하고 후안무치이며 누구에게도 아무런 감정을 느끼지 않도록 스스로 교육하고, 자신과 비슷한 사람들과 어울린다. 자신의 냉혹한 마음을 찬탄하고 자녀들과 친구들에게 자신처럼 차갑고 냉담하라고 가르친다. 이런 사람은 백만장자라

축생계

할지라도, 제대로 교육받지 못했을뿐더러 장난감을 가지고 노는 건 고사하고 한 번도 보지 못했을 법한 누더기를 걸친 거지를 보더라도 동전 한 닢 주지 않는다. 이런 사람이 다시 태어나면 육즙이 풍부한 누군가의 음식이 되어 있을 것이다. 더 이상 집이나 우편번호를 가질 수 없을 것이고, 은행계좌는 꿈도 꾸지 말아야 한다. 전생에 사냥꾼이었다면 다음 생에는 사냥당할 것이다. 운이 좋아 먹거리를 찾으면 이를 지키느라 편집증이 생기고 빼앗길 것을 두려워하며 살아간다. 불자들은 이를 '축생'이라고 부른다.

여러분이 이번 생에 매사에 질투심을 가지고 행동한다면, 다음 생 역시 질투가 많을 것이다. 다른 누군가가 여러분이 갈망하는 것(훌륭한 외모, 가방, 신발, 재산, 반려자 등)이 있는 세상에 환생할 것이

아수라

다. 비록 자신이 모든 것을 가졌더라도 다른 사람이 더 가진 것을 보면 발끈하고, 그들이 가진 것이 더 비싸거나 인기 있는 것이라면 화가 치밀어오른다. 질투와 습관적인 지나친 생각은 편집증의 연료가 되어 결코 긴장을 풀 수 없다. 부러워하는 마음은 명예가 있고, 성공했고, 유명하고, 존경과 찬사를 받는 이들의 결점을 찾느라 분주하다. 끊임없이 '자기기만'을 수행하고 있는 것이다. 질투 섞인 비평이 실제로 감정적 얽힘이 없는 객관적인 분석이라고 스스로를 설득한

구름을 바라보다

다. 이런 '비판적인 생각' 때문에 타인의 즐거움이나 행복을 축복하는 것이 불가능하다. 대신 여러분의 마음은 질투하는 상대방을 깎아내리려는 생각에 잠식되어버린다. 불교에서는 이를 '아수라'라고 부른다.

자신이 자랑스럽고 자존심이 높다면 다음 생에도 그럴 것이다. 자존심이 강한 사람들은 항상 자신들이 도덕적 고지에 살고 있다고 확신한다. 그들은 모두가 열등감과 우월감의 뒤섞임으로 괴로워하는 세상에 태어난다. 이는 무척 편협한 세상이다. 그곳에 사는 모든 이가 마음이 편협하고 고루하고 근시안적이며, 좁고 냉담하며, 제한적이고 보수적이고 인습적이며, 옹졸하고 내성적이며, 자유롭지 못하고 관용이 없다. 만약 이 영역에 태어난다면 아무도 그를 좋아하지 않을 것이고 그와 어울리지 않을 것이다. 하지만 그들은 '자유로운 사회'의 일원이 된 것을 자랑스러워할 것이다. 그들은 자신의 견해가 가장 객관적이며 가장 민주적이라고 확신하며, 자신과 다른 관점이나 대안적 가치관을 가지고 있는 사람들을 비판하는 데 망설임이 없다. 어떤 형태로든 반대의견은 견딜 수 없다. 자신의 가치관과 삶의 방식에 동의하지 않는 이들을 원시적이거나 부족하거나 '악'하다고 판단하여 이들에게 자신의 가치관을 강요한다. 자신을 따라 하도록 강요함으로써 그들을 고통 속으로 몰아넣는다. 불교에서는 이를 '천신계'라고 부른다.

육도六道 중 가장 마지막은 인간계다. 아직 깨달음을 성취하지 못했다면 인간계가 적어도 일시적으로나마 다시 태어나기에 가장 좋은 영역이다. 하지만 우리는 인간계를 포함한 모든 윤회계로부터 우리를 해방시켜야 한다.

현재 여러분의 삶의 동기가 열정이라면 다음 생에도 열정적으로 살 것이다. 언제나 바쁘고 언제나 무언가에 몰두할 것이다. 인간으로서 나약한 정신과 계속되는 불확실성, 생로병사로 괴로울 것이다. 자신이 원하는 사람들과 물건들에 둘러싸여 있지만, 진정으로 원하는 것을 결코 얻지 못할 것이다. 오지 않는 미래를 위해 필요하다고 생각하는 돈을 벌기 위해 모든 시간을 쏟기에 언제나 사랑하는 사람들과 헤어져 살 것이다.

이러한 단점에도 불구하고 인간계는 구도자들이 선호하는 영역이다. 이 모든 고통에도 불구하고 인간은 극도의 슬픔과 우울, 불행과 고통에 의해 촉발되는 매우 드문 이성理性의 순간을 즐긴다. 또한 다른 영역에서는 성취하기 어려운, 스스로에게 가한 속박으로부터 자유로워질 수 있는 능력이 있다.

불교에서는 여섯 개의 영역[六道]을 설명하지만 실제로 삼사라 samsara (윤회계)에는 상상할 수 없을 정도로 많은 영역이 있다.

심판의 날

많은 종교에서 사후에 선행과 불선행의 무게를 재는 판관이 불선행보다 선행을 더 많이 했으면 천국에 보내고 선행보다 불선행의 무게가 더 무거우면 지옥에 보낸다고 경고한다. 반면 불교에서는 자신 앞에 서는 판관은 자기 자신의 마음이라고 한다.

친구의 물건을 훔쳤다고 상상해보자. 처벌받지 않았더라도 저지른 일이 마음 한구석에 남아 있고 한동안 양심이 따끔거려 심란할 것이다. 마찬가지로 임종 시, 자신의 죄책감은 지금까지 말하고 행한 모든 해롭고 불친절한 일들을 기억하도록 할 것이고, 그 기억들은 자신을 고통스럽게 만든다. 자신 외부에 자신을 심판하는 별도의 실체는 물론이고 선행과 불선행을 저울로 재거나 이때까지 한 모든 일을 장부에 기록하는 강력하고 전능한 존재도 없다. 삶에서 행한 일들에 대한 외부적인 판단은 없다.

불자들은 인과가 무르익지 않아 업의 형태로 나타나지 않은 것들은 소멸되지 않는다고 믿는다. 이때까지 생각하고 말하고 행한 모든 것의 이면에 있는 의도가 선하고 친절하고 공덕을 지었든, 악하고 불친절하고 앙심을 품었든 간에 만약 업이 정화되지 않았다면 언젠가 과보를 받게 된다. 이것이 어쩌면 일종의 판단으로 간주될지도 모르겠다. 하지만 자신의 동기와 행을 판단하는 것은 자신이지 외부의 다

최후의 심판

른 존재가 아니다.

기본적으로 죽음, 사후 경험, 환생은 많은 생 동안 모은 원인, 조건, 의도, 행동에 의해 결정된다.

천국과 지옥은 존재할까?

불교에서는 천국과 지옥이 모두 마음의 상태라고 말한다. 따라서 천국과 지옥은 자신의 마음을 얼마나 잘 통제하는가에 달렸다. 기본적으로 살아 있을 때 죽음을 준비했든 준비하지 않았든, 죽으면 둘 중

하나를 경험할 것이라 상상할 것이다. 자신이 무엇을 볼지는 마음의 투영에 달렸다. 경전에 묘사된 소머리 나찰들을 볼 수 없을지도 모르지만 상상하는 존재는 훨씬 더 끔찍할 수 있다. 소머리 나찰들을 비롯한 지옥의 존재들은 모두 상징일 뿐이다.

올바른 준비와 마음의 동기로 불교판 천국이라 할 수 있는 아미타불의 서방정토를 투영하는 체험을 해볼 수 있다. 그런데 마음이 번뇌로 가득하다면, 끔찍하고 무섭고 거칠고 불안한 지옥을 투영하게 될 것이다. 물론 이 두 가지 체험은 모두 마음의 투영이며 마음 밖에 따로 존재하는 것이 아니므로 천국도 지옥도 없다.

사후에는 무엇이 계속될까?

'나' '자아' '영혼'이 사후에도 계속될까? 그렇다. 일생 동안 '나'가 있었던 만큼 사후에도 계속되는 '나'가 있다. 어제의 '나'는 오늘의 '나'로 계속된다. 작년의 '나'가 올해의 '나'로 이어진다. 그리고 지금의 '나'는 사후에도 이어질 것이다.

'나'는 아브라함계 종교*에서 말하는 영혼이라는 개념과 다르다. 그건 그저 임의로 부여한 관념일 뿐이다. 다시 말해 '나'는 환영이다. 그렇더라도 '나'를 혐오해서는 안 된다. 우리의 모든 환영은 아주 강력한데 그중에서도 '나'라는 환영이 가장 강하다.

옥스퍼드 영어사전에 등재된 바에 따르면 아브라함계 종교는 영혼을 '불멸의 것으로 간주되는 인간이나 동물의 영적 또는 비물질

---

* 유일신 창조주에 대한 절대적 믿음을 기초로 하는 유신론 신앙. 유대교, 기독교, 이슬람교 등이 있다 – 옮긴이.

적 부분'이라고 정의한다. 이들 종교는 동물과 다른 생명체가 인간과는 다른 종류의 영혼을 가지고 있다고 믿는다. 반면에 불자들은 연속성, 즉 '나' 또는 '자아'에 대한 관념이 사후와 새로운 삶으로 계속될 것이라고 믿는다. 하지만 물론 이 연속성의 개념은 상대적 진리이며, 모든 상대적 진리와 마찬가지로 희론戱論에서 도출되었다는 점을 기억해야 한다.

만약 내가 성냥을 그어 흰 양초에 불을 붙인 다음 파란 양초에 불을 붙인다면, 흰 양초와 파란 양초에 모두 같은 불꽃이 타오를까? 그렇기도 하고 아니기도 하다. 한마디로 이야기할 수 없다. '예'와 '아니요'는 상대적 진리에 적용할 수 있다. '오늘의 당신과 내일의 당신은 같을까요'라고 묻는다면, 대답은 '예'와 '아니요'가 될 것이다. 연속성은 있지만 단지 상대적 차원에 불구하기 때문이다.

'나' 또는 '자아'가 새로운 삶을 지속하지 않을 경우는 오직 깨달을 때뿐이다. 깨달은 자에게 자아와 시간이라는 개념은 더 이상 영속되지 않으며, 따라서 그들에게는 연속성이나 환생 같은 것이 없다.

기본적으로 몸이 죽은 후에도 마음은 계속되는데 불교에서는 몸보다 마음이 더 중요하다. 마음이 없다면 몸은 아무 의미가 없고, 마음은 몸을 마치 옷처럼 갈아입거나 바꿀 수 있다.

풀 위에 서리

덧없는 형상

있기도 하고 아니기도 하다![1]

_ 자이시키

우리는 죽은 후 귀신이 되나?

대답하기 쉽지 않은 질문이다.

불자들은 마음과 몸이 매우 강하지만 근본적으로 분리되어 있다고 믿는다. 이를테면 손을 잘라도 마음은 작아지지 않는다.

불자들은 귀신이 육체의 실체가 없기에 비록 일부 신체를 가졌더라도 온전한 살과 피를 가진 존재라고 믿지 않는다. 불교 가르침에 따르면, 우리는 죽는 순간 귀신이 된다고 믿는다. 그러나 이는 서양에서 묘사되는 유령과 같은 것이 아니라 불자들이 일컫는 바르도(중음)다. 바르도는 인식하는 능력이 있지만 서양 유령처럼 견고한 몸은 없다. 이는 서양 유령이나 바르도는 이 방에서 저 방으로 가기 위해 문을 사용할 필요가 없다는 뜻이기도 하다.

대체로 영혼을 믿는 서양 문화권에서는 귀신을 형체는 없지만 눈에 보이는 사자死者의 영혼이라고 생각한다. 불자들은 영혼을 실재하는 현상이라 생각하지 않는다. 그래서 영혼의 존재를 진정으로 믿는 이들이 말하는 귀신은 바르도와는 완전히 다르다.

인간과 마찬가지로 일부 귀신들은 사납고 고약하며 대부분 불안정하다. 그러나 귀신들이 주로 하는 생각은 남을 고의로 해치는 것보다 어떻게 해야 살아남을까다. 여러분이 귀신의 생존을 위협하면 분명 행복하지 않을 것이다. 생명체들은 신체를 가지고 있지만 귀신들은 그렇지 못하기에 많은 것을 하지는 못한다. 대부분의 산 사람들은 귀신을 볼 수 없지만 귀신들은 산 사람들을 볼 수 있어 큰 난점이다. 산 사람들은 귀신을 볼 수 없으므로 귀신이 이미 앉아 있는 자리에 앉을 수도 있다. 어쩌면 지금도 귀신이 앉은 자리에 앉아 있는지

지켜보고 있는 망자의 혼

도 모른다.

불자들은 무당들이 숭배하는 많은 영혼을 귀신으로 여긴다. 이런 영혼들은 사업 성공이나 풍년과 같은 아주 평범한 성취를 줄 수 있을 뿐이다.

사후에 새로운 정체성을 갖게 되는가?

그렇다. 하지만 정체성은 환영이라는 사실을 잊어선 안 된다. 이 글을 읽고 있는 여러분은 본인이 누구인지 확신하는가? 자신이 다음 생에도 현재 딸의 어머니가 된다는 보장이 있을까? 인과응보에 관해 생각해보자! 만약 여러분이 다음 생에 닭이 된다면 현재의 딸은 어쩌면 그 닭을 구워서 식탁에 올릴지도 모른다.

다음 생에 현재의 가족이나 친구들을 틀림없이 만날 것이다. 아마도 수백만 번 정도. 하지만 서로를 알아보거나 좋아할지는 의문이다. 전생의 가장 친한 친구를 싫어하거나 무시할지도 모른다. 물론 방금 언급했듯이 현재의 딸이 일요일 점심을 위해 여러분을 구워서 식탁에 올릴지도.

만약 여러분이 현재의 가족으로 다시 태어난다면, 아무리 부모님과 친척들을 사랑했더라도 다음 생에는 그분들과 그분들이 소중하게 여기는 모든 것을 싫어할 수도 있다. 전생에 살았던 집에 산다면 옛날에 지냈던 구식 스타일의 방을 좋아하지 않을 것이다. 만약 파리로 태어난다면 어떨까? 그 오래된 집은 파리에게 아무런 의미가 없다. 아니면 현재의 딸에게 잉태된다면 어떨까? 그렇다면 자신의 손자가 될 것이다. 어른이 되어서는 조부모님이 옹호하는 모든 것에 맞서 싸우는 직업을 가질 수도 있다.

기본적으로 인간은 자신이 누구인지에 대해 만성적인 불안감을 가지고 있다. 우리의 정체성은 국적·종교·시민권에 의해 정의되며, 지지하는 집단에 의해 더욱 공고해진다. 우리는 NRA*의 열렬한 지지자이거나 거북이나 호랑이를 보호하는 동물보호단체의 후원자가 될 수도 있다. '정의'를 내세우는 모임에 가입하거나 '의로운' 종교 모임에서 기도할 수도 있다. 또는 자유국가라고 믿는 곳에서 살기 위해 노력할 수도 있다. 그리고 계속해서 우리는 자신이 생각하는 부류의 사람임을 확인하고 또 확인하기 위해 이 모든 일을 한다.

---

* National Rifle Association (of America). 미국의 민간인 총기 소지자와 관련 사업자들의 권익을 도모하는 단체 – 옮긴이.

그러므로 우리가 죽어서 바르도에서 배회할 때 이 불안감은 천 배 더 강렬할 뿐만 아니라, 진정한 정체성을 향한 갈망은 만 배 더 강력해진다는 점을 명심할 필요가 있다. 해결되지 못한 불안과 불확실성은 너무도 격앙되고 악화되어 결국 만성적인 실존적 불안에 시달리게 된다.

죽은 자가 산 자에게 말을 걸 수 있을까?

죽은 자는 아마도 사망 후 며칠 동안 살아 있는 사람들을 볼 수 있고 접촉을 시도할 수도 있다. 실제로 죽은 자는 살아 있는 사람과 성공적으로 상호작용하는 경우가 거의 없고 시간이 지나면 산 사람을 전혀 볼 수 없게 된다.

바르도가 겪는 가장 고통스러운 경험 중 하나는 살아 있을 때 익숙했던 사회적 교류가 갑자기 상실된 것이다. 사자는 소외감과 버림받은 느낌, 외로움을 느낀다. 이렇기에 산 사람들의 동기와 행동이 매우 중요하다. 특히 사자의 돈과 재산, 소유물을 분배할 때에는 더욱 주의를 기울여야 한다. 사자에게 극단적인 감정은 매우 위험하다. 죽은 자는 살아 있는 사람들에게 자극을 받을 때만 강하게 반응한다. 싫어하는 사촌이 아끼던 가죽 서류가방을 가져가서 바르도가 화가 난다면, 그 격한 감정은 새로운 몸을 찾는 과정의 진행을 막을 수 있고 심지어 악귀가 되어 갇혀버릴 수도 있다. 만약 이런 일이 일어난다면 죽은 자의 바르도 경험은 49일에 국한되지 않고 영겁永劫까지 계속될지도 모른다.

환생까지 얼마나 걸릴까?

사자가 바르도를 거쳐 환생하는 데 걸리는 시간이 통상적으로 49일이라고 하는데, 이는 또 다른 일반론일 뿐이다. 바르도에 얼마나 머무는가는 개인의 업에 따라 다르다. 49년이 길릴 수도 있고 49겁劫이나 49초가 될 수도 있다.

사자가 선근자라면 죽는 순간 법성法性의 바르도에서 깨달을 수 있다. 하지만 사자가 불선업을 많이 지었다면 깊은 지옥으로 떨어질 것이다. 환생할 기회가 없는 바르도체(중음신)는 영겁의 시간을 기다려야 할지도 모른다. 기본적으로 죽음의 순간과 죽음과 환생의 단계를 거치는 시간은 사람마다 다르다.

사후에 기억을 잃는 이유는?

사람들이 기억을 잃어버리는 데에는 수많은 이유가 있다. 살아 있을 때 우리의 기억은 항상 왔다 갔다 하는데 사후에도 마찬가지다.

인간은 하나의 아주 강한 습習을 갖고 있는 경향이 있다. 이 습은 다른 습들을 압도할 뿐만 아니라 파괴할 만큼 강하다. 아주 흔한 이 습이 수행이라는 길을 작동할 수 있게 만드는 것이다. 불자로서 우리는 새로운 습을 적용하여 오래된 나쁜 습관을 없애고, 결국 모든 습을 없애야 한다.

마음과 몸이 분리될 때의 충격은 아마도 기억을 잃게 만들 것이다. 그런데 분노와 같은 강한 감정은 그 영향력이 쉽게 사라지지 않는다. 만약 살아 있는 동안 분노와 공격 성향이 강했다면, 특히 임종 시 화를 내고 공격적이었다면, 이 습관적인 분노에 대한 기억은 다음 생까지 이어져 또다시 화를 잘 내고 공격적인 존재가 될 것이다. 하지만 살아 있는 동안 정념正念과 자비, 연민으로 마음을 닦았거나 보리심을 향한 강한 염원을 일으켰다면, 그 자비롭고 영적인 이타주의에 대한 긍정적인 기억은 사후에도 그대로 남아 있어, 다음 생에도 자애롭고 영적인 존재가 될 것이다. 당신이 마음을 얼마나 잘 다룰 수 있느냐에 따라 당신에게 어떤 습이 남는지를 결정한다.

특정한 기질과 체질의 부산물 중 하나는 사진과 같은 정확한 기억을 갖고 다시 태어나는 것이다. 뛰어난 기억력을 갖게 되는 또 다른 이유는 산만함에 휩쓸리지 않고 집중하는 마음훈련을 했기 때문이다. 좋은 기억력은 영적인 힘과 깊은 연관이 있고, 어떤 기억들은 죽음의 충격을 견뎌내고 바르도를 지나 다음 생으로 옮겨지기도 한다. 생생하거나 트라우마적인 기억은 때로 무의식적으로 죽음에서 살아남는다. 몇몇 사람이 거미를 떠올리기만 해도 움츠러드는 이유일 것이다.

아뢰야식

기억은 바르도와 다음 생으로 가져갈 수 있는 한 측면만 있는 것이 아니다.

불자들은 업이 '아뢰야식阿賴耶識'에 저장된다고 믿고 이 아뢰야식은 죽은 뒤 다음 생으로 이어진다고 믿는다. 아뢰야식은 기독교의 영혼에 대한 개념과 다르다. 기독교인들은 지금 여러분이 가지고 있는 영혼이 천국이나 지옥으로 갈 영혼과 정확히 같다고 믿는다고 들었다. 기독교인들은 영구적이고 실재하며 유일한 영혼을 믿는다. 불자들은 그렇지 않다. 불자들은 상속相續을 믿는다.

만약 영혼이 아뢰야식과 동의어였다면 영혼의 개념을 받아들일 수 있었겠지만, 전혀 그렇지 않다. 이 순간의 아뢰야식은 내일의 아뢰야식과 같지 않지만, 완전히 분리된 것도 아니다. 불자들은 어제의 톰, 딕, 해리가 오늘의 그들과 같은 사람이라고 믿는 방식으로 아뢰야식의 연속성을 믿는다. 그러면서도 대승불교에서는 이 상속 안에서 흘러가는 모든 것은 아뢰야식을 포함해 모두 환幻이라고 가르친다.

비논리적으로 들릴지 모르지만 불자들에게 모든 개념은 비논리적이다. 방향, 모든, 일반적인, 그리고 특히 연속성, 시간 등의 개념은 완전히 임의적인 것이다. 하지만 어떤 생각이 자의적이라고 해서 강력하지 않다는 의미는 아니다. 이 모든 개념은 매우 강력하다.

'시간'이란 무엇일까? 상황에 따라 다르다. 철학자, 과학자, 병원의 접수원으로서 질문해보자. 병원의 접수원은 환자가 제시간에 오는 게 중요하므로 시계로 측정되는 시간에 관심이 많을 것이다. 과학자에게 '시간은 기초과학 이론에서 시간변수 t가 가리키는 것이다'.[2] 철학자들은 정확한 정의에는 별 관심이 없지만 시간의 특성에 흥미를 느낀다.

개념의 자의성의 힘은 환이 어떻게 작용하는가에 있다. 허수아비는 인간의 환영을 만들어낸다. 그 환영은 까마귀를 쫓는 데 좋은 역할을 한다. 속임약(플라세보)이 때로 환자의 병을 치료할 수 있는 강력한 환영일 수 있다. 그리고 민주주의에 대한 환상은 이 세상에 자유와 공정이 존재한다고 믿게 만든다. 이것이 근본적으로 비논리적인 인간이 기능하는 방식이다.

비록 아뢰야식은 환이지만, 기억이 희미해질 때(삶과 죽음 모두에서 빠르게 희미해지는 경향이 있을 때)도 아뢰야식은 사라지지 않는다. 아뢰야식의 환은 여러 생애에 걸쳐 축적된 업보가 정화되거나 부서질 때까지 계속된다.

과거의 행을 기억하지 못할 수 있으나, 그렇더라도 업장業障이 소멸된 것은 아니다. 과거의 업은 더 많은 망상과 희망과 두려움, 그리고 더 많은 행을 유발할 것이다. 이것이 윤회의 수레바퀴가 계속 굴러가는 이유다. 아뢰야식의 씨앗이 불타거나 소멸되거나 뿌리 뽑히거나 정화될 때까지 멈추지 않고 계속되는 육도의 투영 때문에 괴로움과 고통을 느낄 것이다.

환생

요즈음 환생 또는 재탄생에 대해 회의적인 시각이 많다. 그래서 불교 입문자들은 사후에 정말로 다시 태어나는지 궁금해한다.

우리는 항상 내일을 당연하게 여긴다. 그럼으로써 철학자들이 '귀속된 투영'으로 묘사하는 일종의 총체적인 가정假定을 한다. 그러나 내일이 가정이라고 해서 내일이 존재하지 않는다는 것은 아니다. 상대적인 세상의 모든 것이 그러하다. 모든 것은 우리가 가정을 하기에 존재하지만 상대적인 세상의 모든 것은 환이자 꿈이다. 여러분이나 나와 같은 중생들은 이러한 환이 실재한다고 믿지만 이는 완전히 망상이다. 계속해서 환을 진지하게 받아들이는 동안, 우리는 환생의 미혹뿐 아니라 죽음과 바로 이 순간의 미혹의 대상이 된다.

지금 책을 읽고 있는 것은 나인가? 그렇다고 한다면 미혹에 빠진 것이다. 어제 이 책을 읽던 '내'가 오늘 읽는 '나'와 같은가? 그렇다고 해도 미혹에 빠진 것이다.

모든 것이 미혹이므로 환생에 대한 믿음이나 불신 모두 망상이다. 그러나 우리 모두가 보았듯이 어떤 것이 망상이라고 해서 강하지 말란 법이 없다. 모든 망상은 극도로 강하다.

환생을 증명할 수 있을까?

버지니아대학의 이언 스티븐슨Ian Stevenson 박사는 40년 동안 환생을 기억한다는 아이들 수천 명의 사례를 기록하는 데 헌신했다. 그의 작업은 환생이 존재한다고 증명했을까? 어떤 면에서는 그렇다고 할 수 있다. 그러나 불교의 관점에서 보자면, 환생과 같은 개념은 상대적 진리(속제俗諦, 세속제世俗諦)이지 절대 궁극의 진리 (진제眞諦, 승의제勝義諦)가 아니다. 불자들은 스티븐슨 박사가 상대적인 차원에서 제시한 연구만을 받아들일 수 있다. 부처님께서 환생이 궁극의 진리로 존재한다고 하신 적이 없기 때문이다.

연속성에 대한 나의 믿음은 대학의 연구진이 마침내 그 힘을 발견했다 하더라도 강해지거나 약해지지 않는다. 환생은 매우 강력하긴 하지만 단순히 임의적으로 부여된[假名] 상대적 현상일 뿐이다. 나에게 환생이란 이런 것이다. 솔직히 말해서 전생에 누구였는지 기억하고 못하고는 중요하지 않다. 기억할 만큼 가치 있는 것도 아니다.

불자들이 살아 있는 동안 죽음과 바르도를 준비하는 것은 더 나은 삶을 위한 것이다. 여기에서 말하는 '더 나은'은 풍요롭고 건강하며 아름답다는 의미가 아니다. '더 나은'은 탐욕스럽지 않고 정신이 맑으며, 자애·친절·정직·진리를 받아들일 수 있다는 뜻이다. 다른 말로 하면 '더 나은'이란 다음 생에 불법과 더 친숙해질 수 있는 기회가 주어질 것임을 의미한다.

7
죽음에 대한 질문

죽음이 임박했을 때 나타나는 징후들은 무엇인가?

나는 현대인들이 죽음이 임박했음을 예고하는 징후를 찾거나 알아차릴 시간이 없다고 생각한다. 어떤 징후들은 너무도 명백하다. 관절이 뻣뻣해지고, 피부에 주름이 생기고, 건강이 악화된다. 몸이 나에게 죽음이 다가오고 있다고 말을 건네는 것이다. 그러나 사람들은 이 메시지를 묻어버리기 위해 많은 노력을 기울인다. 그래서 많은 사람이 죽음에 대해 이야기하는 것은 고사하고 이 징후들이 찾아왔을 때 관심이나 있을지 모르겠다. 얼마나 많은 5성급 호텔에서 임종 시 일어나는 일을 주제로 주말 강좌를 기획할까?

우리가 끊임없이 놓치는 징후 외에도 특정 감정과 감각은 죽음이 가까이 다가왔다고 경고한다. 예를 들면 꿈의 예고다. 그러나 대부분의 현대인은 이런 이야기를 비웃을 것이다.

티벳이나 부탄 사람들이 의지하는 징후의 대부분은 불법보다는 히말라야 민속에 깊이 뿌리를 두고 있다.

이마에 오른쪽 손바닥을 대고 손목 안쪽을 보라. 손과 팔 사이에 빈 띠가 있는가? 만약 있다면 7일 안에 죽는다.

당나귀를 거꾸로 타는 꿈을 꾸면 7일 안에 죽는다. 벽 앞에서 태양을 등지고 서서 그림자를 보라. 그림자 머리에서 김이 모락모락 피어오르지 않으면 죽음이 임박했다는 징후다.

밀교 경궤經軌에는 까마귀의 특정한 울음 소리도 죽음이 다가왔다는 징후라고 쓰여 있다. 이 모든 징후는 상대적인 진리이지만, 많은 징후가 독특하고 신비스러워 완전히 받아들이거나 완전히 거부하기 어렵다. 그렇기에 단순한 문화적 믿음으로 치부하기란 쉽지 않다.

Q 죽는 시간을 정확히 알 수 있을까?

A 히말라야에 살고 있는 몇몇 선지식은 여러분에게 죽음이 찾아오는 순간을 알 수 있는 능력이 있다. 하지만 만약 50세가 넘었다면 이미 모든 징후가 나타났다 생각하고 죽음을 맞을 준비를 하는 것이 좋다. 잃을 것도 없고 얻을 것도 없다. 사실 태어나는 순간 유언장을 써야 하지만 대부분의 현대인들에게는 너무 과하고 이를 것 같다.

Q 나 자신의 죽음을 생각하는 것은 병적이며 낙담하는 것처럼 보인다. 무섭고 우울하다.

A 삶과 죽음은 같다. 죽음을 생각하는 것이 우울하다면 대신 삶을

생각하라.

Q 죽어가는 친척을 위해 매장지를 사야 할까? 이는 불길한 것인가?

A 불자들은 이런 준비를 불길하게 여기지 않지만, 다른 문화는 여기에 동의하지 않을 수도 있다. 부처님은 매장지 구입에 대해 어떤 말씀도 하지 않으셨다.

Q 불자가 아닌 사람도 극락왕생할 수 있을까?

A 비불자인 친구와 가족들이 그의 이름으로 선행을 하고 거룩한 존재들의 도움을 받아 진심으로 수행과 기도를 올린다면, 공덕이 거의 없는 사람도 정토에 환생할 가능성이 있다. 그러나 그들이 이 모든 일을 기뻐하는 경우에만 해당된다. 우리를 대신하여 행한 선행을 실제로 기뻐할 가능성은 매우 희박하다. 왜 그럴까? 죽으면 우리 대부분은 공황 상태에 빠지거나 매우 감정적이 되며, 심지어 화를 낼 가능성이 높기 때문이다. 일반적으로 말해서 마지막 순간의 선행과 수행의 효과에 전적으로 의존하는 것은 현명하지 않다. 다른 것은 차치하고라도 도움을 줄 수 있는 능력을 가진 숭고한 존재들을 찾기가 점점 더 어려워지고 있다.

Q 죽어가는 사람이 죽기 직전에 몸이 편안하고 고통이 없는 현상인 '석양의 마지막 광채'를 설명할 수 있나?

A 나는 이 내용에 익숙하지 않다. 다만 선한 인연을 많이 쌓은 이

들은 세상을 떠나기 직전에 기분이 좋아지는 경우가 있다고 한다. 만약 그런 사람이 이 책 10장의 지침을 읽는다면, 아마도 임종 시 침착함을 유지하고 그들에게 무슨 말을 하고 있는지 이해하며 그 조언을 따를 수 있을 것이다.

Q 영혼이 죽음으로 분리된 시체로 돌아갈 수 있나?

A 드물긴 하지만 그런 경우도 있다. 바르도체의 가장 큰 소원은 다시 살아나서 자신의 몸을 되찾는 것이지만 사실상 누구도 이룰 수 없다. 며칠 몇 주가 지나면 자신의 오래된 몸을 알아볼 수 없기 때문이다. 그럼에도 그들은 쉬고 숨고 인간으로 기능할 수 있는 새 몸을 찾기 위해 필사적이다. 삶과 소통을 향한 그들의 열망은 실로 강력하다.

부활에 관한 이야기는 전 세계에 전해지므로 오늘날에도 부활이 일어나야 한다. 티벳에 전해 내려오는 부활 이야기 중에 '낭사 오붐'이라는 여성에 관한 이야기가 가장 유명할 것이다.

낭사 오붐은 마음씨 착하고 예쁜 어린 소녀다. 소원이 있다면 오로지 수행을 하는 것이다. 그러던 어느 날 소녀의 아름다움에 매료된 부유한 남성이 그녀를 속여 자신의 아들과 결혼시켰다. 결혼 후 얼마 지나지 않아 소녀는 집안 살림을 도맡게 되었다. 그러자 몹시 화가 난 시누이는 질투와 분노에 사로잡혀 낭사 오붐을 무자비하게 구타하는 것으로도 모자라 불륜을 저질렀다고 거짓말을 하며 그녀를 비난했다. 격분한 남편은 아내를 구타해 숨지게 했다.

사망한 낭사 오붐은 공덕이 있는 자들이 환생하는 지복의 영역과 불선업을 저지른 자들이 가는 18개의 지옥을 보았다. 그녀는 갑자기 염라대왕 앞에 서게 되어 무척 무서웠다. 그녀가 위대한 다키니이고 어떤 잘못도 없다는 것을 알고 있던 염라대왕은 그녀가 뭇 생명들에게 큰 도움이 될 것이라며 그녀를 다시 그녀의 몸으로 돌려보냈다. 낭사 오붐은 지역 점성가의 조언에 따라 산비탈의 동굴에 안치되었었다.

얼마 지나지 않아 남편의 하인들이 낭사 오붐을 발견해 집으로 데려왔다. 모든 이가 기뻐하며 그녀에게 저지른 잘못을 진심으로 뉘우쳤다. 낭사 오붐은 한동안 그곳에 머물렀지만 누구도 불법에 관심이 없었으므로 친정으로 가게 해달라고 간청했다. 마침내 남편과 시댁 식구들은 그녀를 보내주었다.

친정으로 돌아온 낭사 오붐은 부모님께 모든 이야기를 했고, 식구들은 그녀를 반겼다. 가정을 꾸리라는 어머니의 조언을 거스르기 전까지는 모든 것이 좋았다. 어머니는 자신의 말을 듣지 않자 화가 나서 딸을 내쫓아버렸다.

낭사 오붐은 화가 나기는커녕 불법에 헌신할 수 있는 좋은 기회로 여겼다. 그녀는 가장 가까운 사원에 가서 받아달라고 간청했다. 법사가 거절하자 낭사는 받아주지 않겠다면 목숨을 끊겠다고 말했다. 이에 법사는 낭사 오붐을 받아들여 밀교로 인도했다. 3개월의 안거를 마친 낭사는 마침내 깨달음을 얻었다.

이 무렵, 그녀가 세라 얄룽 사원에 있다는 소식을 들은 낭사의 시댁 식구들은 그녀를 되찾기 위해 사원을 부수고 승려들을 죽였다. 사원은 끔찍한 피바다가 되었다. 다친 승려들보다 목숨을 잃은 승려의 수가 더 많았다. 그들이 법사를 죽이려 하는 순간, 법사는 하늘로 날아올라 마법처럼 죽은 자를 되살리고 부상자를 치료했으며, 영주들과 군인들에게 낭사를 함부로 대한 것과 불도를 닦지 않은 것을 질책했다. 그러고 나서 법사는 낭사에게 이제 모든 이가 볼 수 있도록 깨달은 바를 드러내라고 했고, 그녀는 법사의 말에 따랐다. 이에 온 가족이 부끄러워하며 뉘우쳤고 불법을 따르겠다고 약속했다.

이 대규모 개종은 지역에서 화제가 되었다. 얼마 지나지 않아 낭사의 부모도 이 이야기를 들었고, 남은 여생을 가르침에 헌신하며 살았다.

Q 나는 악하고 부끄러운 짓을 많이 저질렀고, 수행은 해본 일이 없다. 어떻게 해야 지옥에 떨어지지 않고 좋지 못한 환생을 피할 수 있을까?

A 불자들은 살아 있을 때 죽음을 준비하는 것을 권장하므로 지금 당장 시작하는 게 좋을 것이다. 불선업에도 불구하고, 여러분이 사후에 무엇을 해야 하는지에 대한 요결要訣을 줄 수 있는 누군가를 만나 업연業緣을 만들 수 있는 복이 있다면, 지옥은 물론이고 악도惡道에의 환생을 피할 수 있다. 여러분이 이를 따르거나 따르지 않는 것은 오로지 법사와 지침에 대한 신뢰도에 달렸다. 요결이란 무엇인가? 저녁식사에 상사를 초대했다고 상상해보자. 약속시간 직전 상사는 전화를 해서 자신의 파트너가 채식주

의자이고 오로지 샐러드만 먹는다고 전했다. 순간 몹시 당황스럽다. 수많은 샐러드를 먹었지만 한 번도 성공적인 드레싱을 만든 적이 없기 때문이다. 이때 요리를 잘하는 친구에게 전화를 걸어 조언을 청한다. "좋은 올리브유에 레몬즙이나 발사믹 식초 한 스푼과 소금 한 꼬집을 넣으면 괜찮을 거야." 자신의 경험에서 나온 이 지침은 마치 요결과도 같이 간단명료하다.

죽음의 순간에 죽는다는 악몽을 극복하는 데 도움을 주기 위한 지침은 매우 간단하고 명확해야 한다. 요결은 무슨 일이 일어나고 있는지 정확히 설명하고 죽어가는 사람에게 사후에 무엇을 해야 하는지 알려주기 위해 고안되었다.

밀교 가르침에 따르면, 어떤 이가 생전에 나쁜 행동을 많이 했고 수행을 하지 않았더라도, 만약 복이 있어 '지님으로 해탈(딱돌 tagdrol)'과 같은 방편을 만난다면 죽음의 순간에 해탈할 가능성이 있다(이 책 부록의 지님으로 해탈하는 '딱돌' 참조).

모든 밀교 방편과 마찬가지로 '딱돌'이라는 방편의 성공 여부는 전적으로 신심에 달렸다. 시체 위에 딱돌을 놓은 사람이 진정으로 이 방편을 신뢰한다면, 사자가 딱돌을 미신으로 치부하더라도 바르도체에게 긍정적인 영향을 끼치는 힘을 갖게 될 것이다.

Q 나의 의식은 언제 다음 생에 들어갈까? 태아가 잉태되는 순간? 정자와 난자가 결합할 때? 아기가 태어나기 직전? 그것도 아니라면 언제인가?

A 상황에 따라 다르다. 이 질문은 우리 모두가 인간으로 태어나는

것을 전제로 하지만, 반드시 그런 것은 아니다. 한 생애에 인간이었던 모든 이가 다음 생에도 인간으로 환생하는 것은 아니다. 어쩌면 매미나 나비가 될 수도 있다. 정자와 난자가 필요 없는 천상계에 태어날 수도 있다.

의식이 다음 몸에 들어가는 정확한 시기는 다음 생을 향하여 의식을 밀거나 당기는 업력業力에 달려 있다. 예를 들어 인간으로 다시 태어나려고 한다면 부모의 정사 장면이 흐릿하게 보일 것이다. 어머니에게 욕망을 느끼고 아버지에게 분노를 느끼면 아들, 아버지에게 욕망을 느끼고 어머니에게 분노를 느끼면 딸로 태어난다. 그러므로 인간 영역으로의 진입을 촉발하는 감정은 대개 분노와 욕망이다.

분쟁과 몸싸움, 모든 다툼에 끌린다면 아수라계에 환생한다.

아름다운 음악을 듣거나 호화로운 저택에 있는 듯한 느낌을 받으면 천신계에 태어난다.

사랑하는 사람들의 비명과 울음소리를 듣고 그들을 도우려 한다면, 지옥의 영역으로 인도될 위험을 감수해야 한다.

그러나 이 모든 예는 일반화된 것임을 잊지 말아야 한다.

8
죽어가는 이와 함께하는 방법

사랑하는 사람이 죽어갈 때 우리는 무엇을 할 수 있을까? 특히 그들이 비불자이고 수행과 거리가 먼 사람이라면? 죽어가는 자들과 죽은 자에게 귀의와 발보리심이 진정 도움이 될까? 게다가 불자가 아닌 사람들이 바르도 가르침을 이해할까? 이 질문들은 매우 유용하다.

확신과 동기

우선, 죽어가는 사람을 실제로 돕거나, 심지어 그들을 돕고 싶다는 생각만 일으켜도 그 사람과 업연이 있다는 표시다.

이 순간 얼마나 많은 사람과 동물, 곤충이 죽어갈까? 우리는 이들 모두를 생각할까? 그렇지 않다. 훌륭한 보살로서 우리는 모든 존재를 돌봐야 한다. 그러나 사실상 거의 실천하지 않는다. 우리는 가까운 사람들만 생각하는 경향이 있다.

상대가 이에 관해 알든 모르든, 여러분을 아는 모든 이는 불법과 인연이 있는 셈이다. 왜냐하면 그들이 여러분과 인연이 있고 여러분은 불법과 인연이 있기 때문이다. 여러분이 그들을 돕고 싶어한다는 것은 그들에게 복이 있기 때문이다. 그래서 비불자 친구는 여러분을 통해서 가르침과 간접적인 인연을 맺게 되고 이는 그들에게 진정 도움이 된다. 이것이 법연法緣이 작용하는 방식이다.

세간의 관점에서는 여러분이 가난하고 무력할지 모른다. 하지만 어떤 이가 아무리 부유하고 유명하며 권력이 있더라도 수행에 대해 아무것도 모른다면 죽어갈 때 이 모든 것은 아무런 쓸모가 없다. 죽어가는 친구의 안녕에 대한 여러분의 관심과 돌보려는 의지는 그들에게 최고의 소식이다. 여러분은 그들에게 죽음의 과정 및 사후에 필요한 정보와 관련된 수행을 안내해줄 수 있는 유일한 사람일 수도 있다. 간절한 염원을 담은 안내와 헌신은 아마도 유용한 도움이 될 것이다. 그들이 여러분을 안다는 것은 믿을 수 없을 정도로 운이 좋은 것이다.

만약 여러분이 올바른 마음의 동기를 가지고 있다면 무엇을 하더라도 도움이 된다고 확신할 수 있다. 과로하거나 좌절해서 짜증이 나더라도 큰 문제가 되지 않을 것이다. 무엇이 도움이 되고 도움이 되지 않을지 누가 알겠는가? 모두가 다르다. 여러분이 할 수 있는 일은 잘될 것이라고 믿게 만드는 도움을 제공하는 것이다.

조용하고 평화로운 분위기 조성

만약 죽어가는 사람이 고통스러워하고 겁에 질려 있더라도, 수행이나 수행과 관련된 토론을 꺼린다면 불교 가르침이나 방편을 절대 강요해서는 안 된다. 이럴 때는 평화롭고 조화로운 환경을 만들고 항상 정직하게 대하라. 사람은 죽음을 맞이할 때 침착할수록 좋다. 이는 친구와 가족을 비롯한 임종을 돌보는 사람들의 태도 및 신체언어가 중요하다는 의미다. 조용하고 애정 어린 분위기를 만드는 것은 이들에게 달렸다. 무엇보다 중요한 것은 마음의 동기다. 감정에 압도당할 때 이를 명심하길 바란다. 감정에 휘둘리기보다는 차분하고 부드럽게 친절과 연민을 표현하는 데 집중해야 한다.

불자가 아닌 사람이 종종 불자들보다 더 고요한 죽음을 맞기도 한다. 어떤 사람이 불자라고 해서 항상 평온하고 침착한 것은 아니다. 불안해하고 동요하거나, 가만히 있지 못하거나, 초조하고 강박적이거나, 삶에서 손을 놓지 못하는 사람들이 죽는다고 해서 갑자기 평온하고 편안해지지는 않는다.

또한 육체적인 긴장과 동요가 죽어가는 사람이 집중하지 않거나 자신이 무엇을 해야 하는지 모른다는 것을 의미하지 않음을 명심해야 한다. 따라서 그들의 마음가짐에 대한 자신의 해석을 그들에게 강요하지 않아야 한다.

죽어가는 이가 성문승聲聞乘 수행자라면, 그들은 무아無我에 머물거나 삼보三寶를 떠올릴 것이다. 대승 수행자라면 공성空性의 견해에 머물려 할 것이다. 밀교 수행자라면 임종 시 자신의 스승을 떠올리거나 아미타불, 석가모니불, 아촉불, 관세음보살, 구루 린포체 파드마삼바바, 문수보살, 따라보살 등의 불호와 모습을 생각할 것이다. 그리고 죽음의 순간에 자신의 본존本尊을 떠올릴 것이다.

언제나 진실을 말하라

지금까지

나는 다른 사람들만

죽는 줄 알았다.

그런 행복이

나에게 떨어질 것이다![1]

_ 료토

진실이 아무리 듣기 힘들어도 죽어가는 이에게는 언제나 정직해야한다. 우리 대부분은 사랑하는 이에게 그들의 사망이 명백하더라도 죽을 것이라고 말하기를 꺼려한다. 사랑하는 이가 우리를 떠난다는 것을 인정하기 싫어서 거짓말을 한다. 희망은 자신과 사랑하는 사람 모두에게 사실을 숨기게 만든다.

영적인 삶을 살지 않았던 사람들은 때때로 자신만이 죽음의 고통을 경험한다고 생각하는데 절대 그렇지 않다. 지구상의 어느 누구도 죽음에 대한 선택권을 가진 이는 없다. 모두가 죽는다. 우리 중 누가 먼저 죽을지 알 수 없다는 것도 지적할 만한 가치가 있다. 현재 사랑하는 사람이 죽음의 과정에 있을지 모르지만, 우리 중 누구도 언제 어떻게 죽을지 모르기 때문에 자신이 먼저 죽지 않는다는 보장은 없다.

내가 진정 도움이 될까?

깨닫지 못했다면, 내가 하는 일이 산 사람이든 죽은 사람이든 누군가에게 도움이 되는지 아닌지를 알기란 불가능하다. 아무리 좋은 의도를 가지고 있어도 아픈 친구에게 권하는 약이 도움이 되는지, 도리어 상황을 악화시키는지 알 수 없다. 친구의 건강이 극적으로 좋아지는 것처럼 보일 수도 있지만, 장기적으로 치명적인 부작용이 생길 수도 있다.

앞서 말했듯이 여러분이 제공하는 도움에서 가장 중요한 것은 마음의 동기다. 도우려는 사람이 무신론자든 아주 영적이든, 가까운 친구든 낯선 사람이든 여러분이 친절하고 유쾌한 미소를 짓고 따뜻하고 예의 바르고 겸손하다면, 그리고 그 사람의 삶과 죽음을 개선하기를 진심으로 원한다면, 그들은 여러분이 하는 모든 것에 고마워할 것이다. 사실 그들은 의무를 다하는 친한 친구나 가족보다 여러분의 도움에 더 고마워할 것이다.

죽음에 대해 이야기해야 할까?

부처님께서는 모든 명상 중에 죽음에 대한 명상이 으뜸이라고 하셨다. 죽음에 대해 이야기하는 것은 결코 불길한 일이 아니다. 사실 죽음에 대해 더 많이 이야기해야 한다. 우리 모두는 죽는다. 그러니 죽음은 단지 죽어가는 이나 노인에게만 해당되는 것이 아니다. 우리 모두 죽음을 생각하고 죽음에 대해 이야기하도록 권장되어야 한다. 큰 도시나 지하철의 거대한 광고판을 후원하면 어떨까? '당신의 시간이 가고 있다.' '당신은 매 초 죽음에 가까워진다.' 생일 축하 인사에 죽음이 1년 더 가까이 다가왔다는 것을 넣어야 하지 않을까?

영적인 것을 단순한 미신으로 치부하는 유물론자들과의 대화에 죽음이라는 주제를 끼워넣으려면 능숙해야 한다. 이 인간계에서는

당신의 시간이 가고 있다…

다루기 힘든 주제를 무시하거나 거부하는 경향이 있으므로 죽음에 대한 주제를 너무 직접적으로 거론하면 여러분이 도우려는 사람들과 멀어질 수 있다.

대신 그들에게 무상無常에 대한 일반적인 정보를 부드럽게 알려주면 좋을 것 같다. 무상과 변화가 부정적인 것만은 아니라는 점을 일러준다. 사실 무상은 개선과 변화를 가능하게 한다. 인생이 더 좋게 변할 수 있는 것은 일체가 무상하기 때문이다. 그러나 개선이 이루어지기 전에, 우선 현상의 본성이 무상이라는 것을 이해하고 받아들여야 한다. 그다음에야 삶 자체가 무상하다는 것을 점차적으로 소개할 수 있다.

물론 돕고자 하는 사람에 따라 접근방식이 달라져야 한다. 물질만능주의자는 자신의 돈, 세속적인 권력과 지위, 그들의 네트워크와 인맥이 어떻게 더 많은 돈과 권력을 가져다줄 수 있는지에 대해서만 관심을 갖는 경향이 있다. 이런 사람들은 박물관 방문을 꺼린다. 시간이 돈이기에 박물관 방문은 시간 낭비일 뿐이다. 그들이 일출을 즐기기 위해 일찍 일어나거나, 해가 지는 것을 보기 위해 계획을 바꾸며 시간을 내는 유일한 이유는 그 광경을 셀카의 배경으로 사용함으로써 다른 부유한 사람들에게 감동을 주고 싶기 때문이다. 이런 사람과 죽음이나 영적인 것에 대한 대화를 시작하기란 결코 쉬운 일이 아니다. 시와 철학 모두 돈을 버는 것과 거리가 멀기 때문에 대화가 불가능한데, 어떻게 죽음에 대한 대화가 가능하겠는가? 이와 같은 물질만능주의자들을 위해 할 수 있는 일은 그들을 위해 기도하는 것이다.

의외로 물질만능주의자로 보이는 이들이 놀랄 만큼 영적인 사람일 수 있는데, 단지 그들이 알아차리지 못했을 뿐인 경우가 있다. 물질적 만족을 추구하기 위해 물질주의자들은 세계의 많은 것을 경험한다. 그들은 많은 곳에 가고, 많은 일을 하며, 최고급 식당에서 식사한다. 이런 사람들이 고상한 삶에 지치고 싫증을 느낄 때, 자칭 불자·기독교도·힌두교도들보다 진정으로 영적인 사람이 될 가능성이 훨씬 더 높다. 수많은 '영적인' 사람은 그저 '영적 유물론자'들이다. 그들은 자신과 타인을 모두 속이며 자신의 삶을 살기 때문에 죽음이나 진지한 수행에 관해 논의하기가 어렵다.

친구와 가족들이 자신은 영적인 사람이 아니라고 말하더라도, 시나 철학과 같은 마법이나 신비주의를 추구하기를 즐기고, 오늘이 마지막인 것처럼 석양을 감상할 만큼 낭만적이라면 진리를 들을 수 있는 능력을 충분히 가지고 있을 것이다. 가르침[佛法]에 대해 약간의 정보를 알려주되, 너무 빠져들어 열중하지는 않아야 한다! 친구와 아이들, 가족들에게 줄 수 있는 최상의 선물이 다르마Dharma, 佛法다. 그들의 귀에 조금씩 스며들게 하라. 하지만 절대로 지나치면 안 된다. 누군가의 행동을 바로잡고자 가르침에 대한 논쟁을 벌이는 것은 절대 금물이다. 그들이 이타주의를 동기로 좋은 일을 하기를 기다린 후, 그들에게 동의하고 격려하는 방법으로 한두 가지 가르침을 알려주도록 하자. 자신의 믿음을 다른 사람에게 절대 강요하지 마라. 전혀 도움이 되지 않는다.

죽어가는 사람을 위로하는 방법

죽어가는 사람이 마무리 짓지 못한 사업과 과제, 계획 등에 대한 집착과 걱정을 놓아버리도록 격려해준다. 또한 사랑하는 사람이나 집, 직업을 비롯한 이 생과 결부된 모든 것에 연연하지 않도록 도와준다.

죽어가는 이에게 마음을 고요하게 하고 좋은 발원을 하며 다음 단계를 준비하라고 조언해준다.

비불자들은 어떤 발원을 하면 좋을까? 예를 들면 이렇다.

- 미국 차기 대선에 좋은 사람이 출마하기를
- 지구온난화와 관련된 환경 문제가 해결되기를
- 더 많은 나무를 심고 가꾸기를
- 부작용 없고 저렴한 만성 질환 치료제가 개발되기를
- 탄소발자국을 남기지 않는 깨끗한 에너지로 운행되는 차가 개발되기를

죽어가는 사람을 개인적으로 알고 있다면 그들이 무엇을 믿는지 어느 정도는 알 것이다. 세상에서 가장 나쁜 사람이라도 해롭지 않은 것을 믿을 것이므로, 그 믿음을 활용한다. 어쩌면 그들은 주 2일 근무를 원할지도 모른다.

또한 죽어가는 이에게 사후에 유명해질 수 있는 제안을 해볼 수 있다. 앞서 말한, 조만간 직면해야 할 현실인 죽음을 다른 사람들에게 상기시켜주는 광고판 제작에 가진 돈을 전부 기부하는 것이다. 또는 이와 비슷한 다른 제안을 해볼 수 있다.

죽어가는 이에게 내가 무엇을 해줄 수 있는지 물어본다. 그들의 돈·투자·재산·소유물을 어떻게 처리해야 하는지 묻고, 원하는 바가 유서로 작성되어 이행될 수 있도록 최선을 다하겠다고 약속한다. 어떤 이들은 자신의 물질적 재산을 걱정하느라 평생을 보낸다. 그들이 죽어간다고 해서 갑자기 바뀌는 않을 것이다. 하지만 여러분이 그들이 원하는 바를 이루기 위해 최선을 다한다는 것을 그들이 안다면 걱정을 덜어주는 데 도움이 될 수 있다. 이것이 아끼는 사람에게 죽어가고 있다는 사실을 알리는 것이 좋은 이유 중 하나다.

만약 죽어가는 사람이 성문승이나 대승불자라면 발원의 중요성을 상기시켜준다. 그들이 깨달음을 얻고, 다른 이들에게 도움이 되는 능력을 지닌 채 환생하고 올바른 길을 만나도록 격려하라. 불교의 관점에서 볼 때 석가모니 부처님의 자비와 비이원非二元, 不二의 길이 올바른 길임을 상기시켜준다. 이 내용을 말과 마음으로 계속해서 들려준다. 이 사람이 사망한 후에도 계속해서 들려준다.

아촉불

만약 죽어가는 이가 밀교 수행자라면 이 책의 15장을 읽어주거나
『티베트 사자의 서』2를 읽어준다. 또는 여러분이 아는 바르도 지침
(광본이나 약본)이나 아래의 법본들 중에서 선택하여 읽어준다.

깨달음에 드는 온전한 길: 도둡첸 직메 외쎌에 의한 롱첸 닝틱의 '고통에서의 자연해
탈' 수행에 대한 지침은 다음 웹사이트에서 볼 수 있다.
www.lotsawahouse.org/tibetan-masters/dodrupchen-I/excellent-path-to-
perfect-liberation.
까르마 링빠의 여섯 바르도의 근본 게송은 다음 웹사이트에서 볼 수 있다.
www.lotsawahouse.org/tibetan-masters/karma-lingpa/root-verses-six-
bardos.
결정적 조언: 롱첸 랍잠의 바르도를 위한 모든 지침은 다음 웹사이트에서 볼 수 있다.
www.lotsawahouse.org/tibetan-masters/longchen-rabjam/complete-set-
instructions.
또한 약본 아미타경은 다음 웹사이트에서 볼 수 있다.
read.84000.co/translation/UT22084-051-003.html.

민돌링 금강살타

밀교 수행자에게 무슨 일이 일어나고 있고 무엇을 해야 하는지 상기시키기 위해 지침을 소리 내어 읽어준다.

만약 죽어가는 사람의 친척이 불자라면, 아미타경을 큰 소리로 독송하거나 좋아하는 진언이나 다라니를 염송한다.

바르도 가르침에 따라 사랑하는 이의 자각과 인식은 몇 시간에서 며칠까지 계속해서 기능할 것이라고 사자의 친척과 친구들에게 말한다. 이는 사자의 마음이 사망 진단을 받은 후에도 보고 들을 수 있다는 의미다. 그래서 티벳인들은 유족들에게 언제나 유언에 대한 대화를 피하고 사자의 소유물을 두고 다투지 말라고 조언한다. 또한 유족은 가능한 한 오랫동안 사망자의 재산을 양도하거나 소유물을 분배하지 않는 것이 좋다.

죄책감

죽어가는 사람은 살면서 끔찍한 일을 저질렀다는 죄책감에 시달릴 수 있다. 과거의 불선행으로 죄의식을 느끼며 죽어가는 불자와 함께라면, 통렌tonglen(자타교환) 수행을 통해 모든 존재의 죄책감을 스스로 짊어짐으로써 그 죄책감에서 벗어날 것을 제안한다. "일체중생의 죄책감이 나에게 오길." 이렇게 함으로써 그들은 죄의식을 덜 수 있을 뿐 아니라 많은 공덕을 쌓을 영웅적 행동을 했으므로 기분이 좋을 것이다. 그 공덕을 일체중생의 깨달음에 회향한다. 그리하여 자신을 포함한 모든 이가 더 나은 환생을 할 수 있도록 더 많은 공덕을 쌓을 수 있다.

그들이 느끼는 "죄책감은 그들 자신의 마음이 만들어낸 것이며,

사로잡혀서는 안 되는 또 다른 투영일 뿐"이라고 하신 부처님의 말씀이 도움이 된다고 생각하면, 이를 이야기해준다. 또한 죽어가는 이에게 허공에 모든 불보살님을 관상해서 모든 잘못을 참회할 수 있다고 제안해볼 수 있다.

또한 죽어가는 밀교 수행자에게 아촉불 진언이나 금강살타 백자진언을 권할 수 있다.

아촉불 진언

namo ratna trayaya om kamkani kamkani rocani rocani trotani trotani trasani trasani pratihana pratihana sarva karma paramparani me sarva sattvananca svaha

나모 라뜨나뜨라야야 옴 깡까니깡까니 로짜니로짜니 뜨로따니뜨로따니

뜨라싸니뜨라싸니 쁘라띠하나쁘라띠하나 싸르와 까르마 빠람빠라니 메 싸르와 싸뜨바난까 쓰와하

금강살타 백자진언

옴 벤쟈* 사또싸마야 마누빨라야

벤쟈 사또 떼노빠

띠따띠노 메바와

수또카요 메바와

---

* 지역에 따라 '바즈라'로 발음하기도 한다 - 옮긴이.

수뽀카요 메바와

아누락또 메바와

싸르와 씨띰 메쁘라야짜

싸르와 까르마 수짜메

찌땀 시리야 꾸루훔 하하하하호

바가완 싸르와 따타가따

벤쟈 마메문쟈 벤쟈 바하 마하 쌈마야 사또 아

금강살타 육자진언

옴 벤쟈 싸또 훔

9
임종을 준비하는 이에게 해줄 말

성문승과 대승에서는 바르도에 대해 언급이 많지 않은 반면 금강승에서는 많은 것을 말한다. 모든 불자가 살아 있는 동안 죽음을 준비하라고 권하지만, 금강승은 죽음의 순간을 중요한 기회로 여겨 이 특별한 기회를 헛되게 놓치면 안 된다고 강조한다. 여기서의 메시지는 아직 늦지 않았다는 것이다. 죽음의 순간에 마음은 그 어느 때보다 맑다. 육체가 죽으면 더욱더 맑아진다. 따라서 임종을 앞둔 사람의 관심을 끌어 그들이 여러분을 보고 여러분의 말을 들을 수 있다면, 현재 어떤 일이 일어나고 앞으로 어떤 일이 펼쳐질지 알려주는 기회가 된다.

우리는 살아 있는 동안 고유한 필터를 이용해 이해하고 소통하고 상호작용한다. 모든 개인 각각의 필터는 그들이 보는 것을 결정한다. 살아 있는 동안 누구도 있는 그대로를 보지 못한다. 우리의 눈은 바로 앞에 있는 모든 것을 포착하는 카메라가 아니다. 눈은 마음에 의해 움직인다. 마음은 문화적 조건과 감정적 동요, 읽고 있는 책, 커피를 마시는 시간, 함께 어울리는 사람들 등에 따라 어떤 이미지를 등록할지 선택한다. 그러고 나서 마음은 그 이미지를 어떻게 판단할지 결정한다. 관람자, 관람하는 행위, 모든 개인적인 영향은 마음 안에서 여과된다. 판단이 모여 희망과 두려움, 오해 등의 현상을 만들어 낸다.

몸에서 마음이 분리되는 방식은 불자나 비불자나 똑같다. 감각과 감각대상도 마찬가지다. 이 여과장치들이 없으면 눈으로 볼 수 없고, 귀로 들을 수 없고, 혀로 맛볼 수 없다. 일기예보에서 차가운 봄날 아침이지만 곧 따뜻해진다고 하면 여섯 개의 옷을 겹쳐 입을 것이다. 감각의 소멸은 온도가 상승함에 따라 그 여섯 겹의 옷을 한 겹씩 벗는 것과 같다. 감각은 단계별로 점차 소멸되며 마침내 난생처음 마음이 완전히 벌거벗은 상태가 된다. 그 효과는 압도적이다.

살면서 벽을 볼 때, 문화와 습관은 그 벽을 집으로 보게끔 영향을 끼친다. 그 습관이 어느 정도 사라지면 그 벽은 벽이 아니라 벽돌더미로 보이기 시작한다. 그 습관이 완전히 없어지면 벽을 아무리 유심히 응시해도 본인이 무엇을 보는지 모르게 된다. 육체가 사망하면 벌거벗은 마음은 모든 것을 여과 없이 경험한다. 소리, 맛, 냄새 등 모든 미세한 현상은 낯설고 두렵다.

'부처'의 힘
사자가 불교나 부처에 대해 아는 것이 없다고 해서 걱정할 필요는 없다. 사자의 인식은 더 이상 여과되지 않기 때문에 살아 있을 때보다 백배는 더 뛰어나다. 죽은 자가 자각능력이 더 뛰어나다는 바로 그 이유 때문에 살아 있는 사람들이 사자에게 귀의하도록 권하고 바르도 가르침을 소개하는 것이 중요하다.

'부처'에 대한 개념은 매우 심오하다. 바르도체에게 부처에 대해 이야기하는 것은 그들을 마음의 본성으로 안내해주는 것이다. 바르도체는 다른 어떤 유정들보다 마음의 본성에 더 가깝기 때문에 여러 면에서 시기적절하다.

임종을 준비하는 이에게 해줄 말

죽어가는 사람이 불가지론자이거나 무신론자, 심지어 낯선 사람이어도 그들이 여러분과 대화하는 것에 화를 내지 않는다면 다음과 같이 말해본다.

당신은 지금 죽어가고 있습니다.
죽음은 누구도 피할 수 없습니다.
우리 모두는 죽습니다.
당신만이 죽음을 직면한 사람이 아닙니다.

당신에게 죽음이 다가오고 있습니다.
그러나 우리 중 누가 먼저 죽을지는 아무도 알 수 없습니다.
어떤 일이 일어날지 아무도 모릅니다.
내가 먼저 죽을 수도 있습니다.

삶에 대해 걱정하지 마세요.

친구와 가족에 대해 걱정하지 마세요.

일에 대해 걱정하지 마세요.

대신, 평화로워질 수 있는 현재의 기회를 잡으세요.

말해야겠다고 느끼는 것을 부드럽고 친절하게 말한다. 그런 다음
아래의 내용을 읽어준다.

namo buddhāya

namo dharmāya

namo saṃghāya

나모 부다야

나모 달마야

나모 상가야

부처님께 예경 올립니다.

가르침[佛法]에 예경 올립니다.

보살승가에 예경 올립니다.

om ye dharma hetu prabhawa hetun teshan tathagato hyavadat
teshan tsa yo nirodha ewam vade maha shramana soha

옴 예 다르마 헤뚜 쁘라바와 헤뚠 떼샴 따타가또 흐야와다뜨 떼샴

짜 요 니로다 에왐 와디 마하 쓰라마나 쓰와하

모든 현상은 인연因緣으로 일어납니다.
그 인因들에 대해 여래께서 설하셨습니다.
그 인연의 소멸 또한 위대한 사문沙門께서 설하셨습니다.

만약 죽어가는 이가 들을 마음이 있다면, 되도록 간단하게 바르도에 대해 말해준다. 불자들은 사망 후 우리의 자성이 '바르도'를 통과한다고 믿는다. 바르도를 통과하는 것은 여행을 하는 것과 같다. 임종의 바르도는 우리 모두가 거쳐야 하는 여정이며 환생할 때까지 끝나지 않는다. 불자들은 살아 있는 동안 바르도를 준비하는 것을 선호하지만 죽어가는 이도 결코 늦지 않았다고 말해준다.

오늘날 대부분의 사람들은 살아 있는 동안 자신의 의지에 반하는 일을 강요받아서는 안 된다고 생각한다. 하지만 그들이 사망하여 의식만 남게 되면 모든 것이 변한다. 무엇보다도 바르도체는 일반적으로 겁에 질려 있다. 자신에게 무슨 일이 일어나고 있는지 전혀 모른 채 여러분의 도움을 간절히 바라고 있다.

이상적인 것은 임종 시 마음이 고요하고 편안해야 한다. 죽음의 가장 큰 문제는 인생의 가장 큰 문제인 이기심과 자신에 대한 끊임없는 집착과 같은 것이다. 이러한 이기심에 맞서기 위해 불자들은 타인을 생각하려 노력해야 한다. 그러므로 죽어가는 이와 함께 앉아 있을 때 모든 존재가 건강하고 행복하기를 진심으로 바라는 마음을 담아 그들 자신을 초월한 생각을 하도록 격려해야 한다. 이렇게 함으로써 죽어가는 이는 더 용감하게 죽음을 맞이할 수 있게 된다. 이 내용을 떠올리기 위해 아래의 게송을 크게 읽거나 가까운 친구나 가족에게 읽어달라고 부탁한다.

일체중생이 행복과 행복의 인因을 갖추길 기원합니다. 자무량심慈無量心

일체중생이 고통과 고통의 인을 여의기를 기원합니다. 비무량심悲無量心

일체중생이 고통이 없는 위 없는 행복을 여의지 않기를 기원합니다. 희무량심喜無量心

일체중생이 행복과 고통에 대한 집착을 여읜 대평등심에 머물기를 기원합니다. 사무량심捨無量心

상황에 따라 죽어가는 이에게 발원과 통렌 수행을 안내해줄 수 있다. 죽음의 순간에 경험하는 모든 두려움과 고통, 죄책감과 피해망상을 내가 짊어진다는 발원으로 자신과 타인을 모두 도울 수 있는 방법을 그들에게 말해준다. "일체중생의 모든 두려움과 고통, 죄책감과 피해망상이 나에게 오길." 위대한 트룽빠 린포체의 으뜸제자인 빼마최된이 이 책의 부록에서 이 내용에 대해 설명할 것이다.

죽음의 순간
죽어가는 이에게 무슨 일이 일어나고 있는지 애정과 연민을 담아 말해준다.

이제 당신의 감각은 더 이상 작동하지 않으므로,

당신의 마음은 독립적이며 본래 모습 그대로 명징하며 현재에 머무릅니다.

지금 겪고 있는 일은

한 번도 경험해보지 못한 것입니다.

이것이 부처입니다.

발음을 분명하고 부드럽게 하며 확신을 가지고 말하라. 그렇더라도 너무 직설적일 필요는 없다. 의도가 선하기 때문에 무리하지 않아도 된다. 하지만 재촉하는 것도 나쁠 건 없다! 사자의 의식이 자신의 벌거벗은 마음을 경험하는 데는 1초도 걸리지 않을 것이고, 1초 동안 경험하더라도 이를 경험하는 것 자체가 매우 중요하다. 그러므로 여러분이 할 수 있는 최상의 일은 이 지침을 계속 되풀이하는 것이다.

사자는 고개를 끄덕이거나 고맙다고 말해주거나 보상해줄 수 없다. 그래서 여러분이 말하는 것이 도움이 되는지 알 수가 없다. 그러므로 누군가를 죽음과 죽음의 과정으로 인도하는 것은 사심 없는 봉사가 될 수 있다. 이런 방식으로 누군가를 돕는 행위는 얻을 것이 없기 때문에 일생에서 한 번밖에 오지 않는 완전한 이타행의 기회가 될 수 있다.

만약 함께 있는 가족들이 영적인 것에 거부감이 있어 죽어가는 이를 안내할 수 없다면, 임종 후에 이 내용을 말해줄 수 있음을 기억하라. 그들이 귀의할 정확한 시기가 바로 그때일지 누가 알겠는가? 그렇지 않다고 해도 여러분이 하는 말은 그들을 해치지 않는다. 죽어가는 사람이나 죽은 사람이 편견을 갖고 있거나 반종교적이더라도 정말로 중요한 것은 여러분의 자비와 보살의 수행이다. 그 효과를 절대 과소평가하지 마라! 어떤 이가 임상적으로 사망했고 이미 바르도에 있는 사자에게 귀의해야 한다고 말한다면, 그들은 여러분의 제안대로 따를 것이라고 나는 확신한다.

마음의 본성에서 쉬는 것이 죽음의 순간에 할 수 있는 최상의 수행이다. 적절한 가르침을 받았고 마음의 본성을 닦는 수행자라면, 이것이 해야 할 전부다.

임종 직후

아래 구절을 명확하게 큰 소리로 다시 읽어준다.

namo buddhāya guruve

namo dharmāya tāyine

namo saṃghāya mahate

tribhyopi satataṃ namah[1]

나모 붓다야 구루베

나모 달마야 따이네

나모 삼가야 마하떼

뜨리뵤뻬 사타탐 나마하[1]

스승이신 부처님께 예경 올립니다.

보호주이신 가르침[佛法]에 예경 올립니다.

보살승가에 예경 올립니다.

삼보에 간단없이 예경 올립니다.

buddhaṃ śaraṇaṃ gacchāmi

dhammam śaraṇaṃ gacchāmi

saṅgham śaraṇaṃ gacchāmi[2]

붓담 사라남 가차미

담맘 사라남 가차미

상감 사라남 가차미

부처님께 귀의합니다.

가르침에 귀의합니다.

보살승가에 귀의합니다.

불법승 삼보에

깨달음을 얻을 때까지 귀의합니다.

보시 등을 수행한 공덕으로

요익중생을 위해 깨달음을 얻기를 발원합니다.[3]

깨달음에 이를 때까지

부처님께 귀의합니다.

정법에 귀의합니다.

보살승가에 귀의합니다.4

죽어가는 사람이나 사자의 이름을 부른다.

오! 고귀한 가문의 자손이신 ○○○(사자의 이름)이시여!
당신은 이제 생을 마쳤습니다.
비록 종교가 없다고 하더라도,
귀의하는 것이 최선입니다.

제가 하는 말을 따라 하십시오.
불법승 삼보에 귀의합니다.

오! 고귀한 가문의 자손이신 ○○○(사자의 이름)이시여!
이제 당신은 사망했습니다. 당신의 마음은 그 어느 때보다 강합니다.
산 자의 마음보다 훨씬 더 강합니다.
이 힘을 잘 활용하십시오.
요익중생을 위해 사용하십시오.

이렇게 생각하십시오.

나는 지구상에 있는 모든 존재를 계속해서 돕고 싶습니다.
모든 인류와 모든 삶을 가진 생명체들과 자연환경,
빈곤과 질병, 불평등과 불의가 없기를 바랍니다.

모든 이가 진리를 보고 깨닫를 바랍니다.

모든 이가 인생이 영원할 거라는 망상에서 깨어나길 바랍니다.

모든 이가 돈과 권력, 인맥이 실재하고 영구할 거라는 환영을 꿰뚫어보기를 바랍니다.

일체중생이 행복과 행복의 인을 갖추길 기원합니다.

일체중생이 고통과 고통의 인을 여의기를 기원합니다.

일체중생이 고통이 없는 위 없는 행복을 여의지 않기를 기원합니다.

일체중생이 탐욕과 성냄에서 벗어난 대평등심에 머물기를 기원합니다.

더 하고 싶은 말이 있다면, 친절하고 부드럽게 말한다.

namo buddhāya

namo dharmāya

namo saṃghāya

나모 부다야

나모 달마야

나모 상가야

부처님께 예경 올립니다.

가르침에 예경 올립니다.

보살승가에 예경 올립니다.

om ye dharma hetu prabhawa hetun teshan tathagato hyavadat
teshan tsa yo nirodha ewam vade maha shramana soha

옴 예 다르마 헤뚜 쁘라바와 헤뚠 떼샴 따타가또 흐야와다뜨 떼샴
짜 요 니로다 에왐 와디 마하 쓰라마나 쓰와하

모든 현상은 인연으로 일어납니다.

인들에 대해 여래께서 설하셨습니다.

인연의 소멸 또한 위대한 사문께서 설하셨습니다.

사자에게 여러분이 하는 말을 들어도 잃을 것이 없다고 말하라. 사자에게 바르도에 대한 개념과 죽음의 바르도에 대해 알려준다.

이제 바르도체가 된 사자에게 불자에게 주었던 지침을 줄 수 있다. 바르도체는 마음으로 여러분의 지시를 따를 수 있다. 만약 큰 소리를 낼 수 없는 상황이라면, 조용히 읽어주면 된다. 사자의 가족이 독단적인 종교를 믿고 있다면 오직 가족만이 시신에게 다가갈 수 있어 여러분이 시신을 보지 못할 수도 있다. 이 경우 자신의 집으로 돌아가 사자에게 가르침을 소개할 수 있다. 여러분이 사자의 이름을 부르면 그들은 여러분의 목소리를 알아들을 수 있으므로 걱정할 것 없다.

누구를 돕든 간에 가르침과 지침을 최대한 많이 반복해서 읽어주는 것이 좋다. 여러분이 전지전능하지 않다면, 사자가 여러분이 말한 것을 듣고 이해했는지를 알 방법이 없기 때문에 몇 주 동안 계속해서 모든 것을 반복해야 한다는 주장이 있다.

물론 사자가 다음 생 따위는 없다는 것을 발견한다면, 여러분이 무슨 말을 해도 그들에게 아무런 의미가 없을 것이다. 하지만 그들이 깨어나서 바르도의 가르침이 설명하는 모든 것이 사실이라는 것을 알게 된다면, 여러분이 주는 정보는 그들이 받은 조언 중 가장 귀중한 것이 될 것이다.

10
바르도에 대한 지침

전통적으로 티벳인들은 까르마 링빠의 『바르도 퇴돌 첸모: 바르도에서 들음으로 해탈』*에 의지한다. 간략본을 아래에 소개한다. 이 책은 불자들을 위해 쓰였지만, 비불자이고 수행을 해본 적이 없다고 해서 이 지침을 받을 자격이 없는 것은 아니다. 무신론자 또는 불가지론자에게 귀의와 보리심 지침을 준다는 것은 죽어서 재생의 바르도에 있는 그들에게 미래의 삶에 불교 수행자가 될 수 있는 씨앗을 심은 것이다. 임종 시 누군가에게 이 지침을 읽어달라고 부탁하라.

---

* 국내에서는 『티베트 사자의 서』로 알려져 있다 - 옮긴이.

1. 고통스러운 임종의 바르도

법신法身

죽어가는 사람에게 무슨 일이 일어나고 있는지 용감하고, 직접적이고, 정직하게 말하라. 그리고 언제나 진실을 말하라.

발음은 분명하되 차분하고 음률적인 목소리로 독송하라. 기침을 하거나 지루하고 둔한 단조로운 톤으로 읽지 마라. 각각의 구절 뒤에 옴마니빼메훔을 넣어 독송을 더욱 가치 있게 만들라. 한국은 나무관세음보살, 중국은 나모관시인푸사, 일본은 온아로리캬소와카, 태국은 붓도로 대체할 수 있다.

'고귀한 가문의 자손'이라는 문장은 전형적인 불교 경궤에서 주로 쓰이는데, 우리 모두에게 불성이 있어 부처의 가족이라는 의미다. 그러므로 죽어가는 사람은 불교 수행 여부에 관계없이 부처님의 자손[佛子]이다.

인간에게 정체성은 매우 중요하기 때문에 지침을 독송하기 전 언제나 죽어가는 이의 이름을 크게 부른다.

오! 고귀한 가문의 자손이신 ○○○(사자의 이름)이시여!
이제 죽음이라 불리는 것이 찾아왔습니다.
'이 생'이라 불리는 투영이 끝나려 합니다.
그리고 '다음 생'이라 불리는 투영이 시작되려 합니다.
이제 곧 오래된 몸의 껍질을 벗을 것입니다.
그리고 새로운 몸을 얻게 될 것입니다.

옴 마니 빼메 훔

오! 고귀한 가문의 자손이신 ○○○(사자의 이름)이시여!
현재의 생각은 곧 사라질 것입니다.
어쩌면 이미 희미해졌을지도 모릅니다.
곧 새로운 생각이 떠오를 것입니다.

옴 마니 빼메 훔

당신의 풍대風大, 생명의 바람이 이제 은멸하고 있습니다.
소화가 되지 않습니다.
마음이 멍해지고 혼란스러워지고 있습니다.
장腸에 대한 통제력을 잃었고
입에서는 침이 흘러내리고 있습니다.
삼키기가 어렵습니다.
팔다리가 약해지고 제 기능을 못합니다.

옴 마니 빼메 훔

바람원소 은멸은
흙원소 은멸의 원인이 됩니다.
머리가 무거워 목을 지탱하지 못합니다.
모든 움직임은 힘겹고,

숟가락 드는 것도 힘듭니다.

질식하는 것처럼 둔한 느낌이 듭니다.

당신을 누르는 듯 보이는 것을 밀어내면,

신기루처럼 깜빡이는 빛을 보게 될 것입니다.

옴 마니 뻬메 훔

흙원소가 은멸하면,

물원소는 불원소로 은멸됩니다.

건조함을 느낍니다.

혀가 말립니다.

옴 마니 뻬메 훔

다음 내용을 죽어가는 사람에게 부드럽게 말해준다.

몸이 무겁게 느껴지나요?

몸의 흙원소가

물원소로 은멸하기 때문입니다.

옴 마니 뻬메 훔

건조하고 탈수 증세가 있으신가요?

물원소가 불원소로 은멸하기 때문입니다.

옴 마니 빼메 훔

몸이 떨리고 추위를 느끼나요?
불원소가 바람원소로 은멸하기 때문입니다.

옴 마니 빼메 훔

이제 곧 호흡이 힘들어질 것입니다.
산이 가슴을 내려누르는 듯
숨을 들이마시기가 힘들어질 것입니다.
하지만 아직 숨을 내쉴 수는 있습니다.
두려워하지 마십시오.
당신을 압박하는 것은 아무것도 없습니다.
그 무게는 신체의 원소가 은멸하기 때문입니다.

옴 마니 빼메 훔

이제 당신은 어두움에 둘러싸입니다.
모든 것이 칠흑같이 깜깜합니다.
두려워하지 마십시오.
외부 감각기관인

안식眼識 이식耳識 설식舌識 등이 은멸하는 중입니다.

옴 마니 빼메 훔

당신은 높은 곳에서 떨어지는 느낌이 들 것입니다.
놀라지 마십시오.
당신은 공중에서 떨어지는 것이 아닙니다.
몸과 마음이 서서히 분리되는 중입니다.
이제 난생처음으로
마음은 독립을 경험할 것입니다.
이것은 당신의 마음이 느끼는 것입니다.
이제 더 이상 몸에 구속되지 않습니다.

옴 마니 빼메 훔

오! 고귀한 가문의 자손이신 ○○○(사자의 이름)이시여!
이번 생에 이루지 못한 것이나 이룬 것에 미련을 두지 마십시오.
세상의 일은 끝이 없습니다.

옴 마니 빼메 훔

친척들과 친구들을 걱정하지 마십시오. 그들은 잘 지낼 것입니다.
걱정한들 당신이 그들을 위해 할 수 있는 일이 없습니다.

당신의 소유물을 생각하지 마십시오.

당신의 삶을 그리워하지 마십시오.

집, 차, 충전기, USB 등.

옴 마니 빼메 훔

이제 곧 무지갯빛을 경험할 것입니다.

이 빛들은 갑자기 나타나므로 다음을 기억하십시오.

이는 그저 마음의 표출입니다.

옴 마니 빼메 훔

여러분이 다음에 무슨 말을 할지는 죽어가는 사람이 어떤 가르침을 받았느냐에 달려 있다. 죽어가는 사람이 마하산디 전통의 삼신三身을 닦았다면 '마음의 표출'이라기보다는 '삼신의 표출'이라고 말한다. 만약 그들이 삼신을 듣지 못했다면 그들이 이해하지 못할 용어를 사용해서 혼란스럽게 하지 마라. 그냥 '당신의 마음'이라고 말하라.

지금 당신을 감싸고 있는 무지개 같은 무한한 색깔과 모양은 지금까지 본 것과는 다릅니다.

생생한 파란빛

생생한 초록빛

생생한 붉은빛

모두 상상할 수 없을 정도로 강렬하고 살아 있습니다.

더 이상 눈의 여과에 제한을 받지 않기 때문입니다.

이름 없는 모든 색을 인식할 수 있습니다.

살아 있는 동안에는 보이지 않았던 색들입니다.

옴 마니 빼메 훔

정사각형과 삼각형, 반원과 같이

익숙한 모양을 볼 수 있습니다.

하지만 대부분은 전혀 알지 못하는 것들입니다.

이런 모양이 존재한다는 것을 결코 상상도 못했을 것입니다.

옴 마니 빼메 훔

모든 것이 강렬하고 생생하게 느껴집니다.

신체 감각기관을 이용하여 여과하거나 상상하여 인식하지 않기 때문입니다.

당신과 당신이 경험하는 대상 사이에 아무것도 없습니다.

옴 마니 빼메 훔

색상과 모양을 두려워하지 마십시오.

그것들을 강렬하게 인식하더라도

그것들은 마음의 표출(삼신三身)에 지나지 않습니다.

당신이 보고 경험하는 어떤 것도 '외부'에 있지 않습니다.

모두 마음의 빛나는 표출입니다.

옴 마니 빼메 훔

두려워하지 마십시오.

당황할 필요가 없습니다.

당신은 이제 곧 기절할 것입니다.

오! 고귀한 가문의 자손이신 ○○○(사자의 이름)이시여!

이것이 부처입니다!

오! 고귀한 가문의 자손이신 ○○○(사자의 이름)이시여!

이것이 부처입니다!

오! 고귀한 가문의 자손이신 ○○○(사자의 이름)이시여!

이것이 부처입니다!

옴 마니 빼메 훔

두려워하지 마십시오!

조작하지 마십시오!

이것이 부처입니다.

이것이 진정한 당신입니다.

당신은 ○○○(사자의 이름)가 아닙니다.

당신은 부처입니다.

이를 직면하세요!

마음의 본성에 머무십시오.

당신은 부처입니다.

당신의 불성을 피하지 마세요!

이 상태에서 도망치지 마십시오!

마음을 쉬며 여기에 머무십시오.

옴 마니 빼메 훔

아직 살아 있는 존재라고 하는 우리에게는 이 상태를 '죽음의 순간'이라고 한다. 인간의 영역에서 죽어가는 이는 이제 사망한 것으로 처리된다.

죽어가는 친구나 사랑하는 사람에게 이 지침을 읽을 때 그들이 기대한 대로 보이지 않을 수 있다. 그들의 입술이 건조하지 않고 피부가 창백하지 않은 등 여러분은 그들이 죽음의 어느 단계를 지나는지 알 수 없다. 그러므로 그들이 어느 단계에 있는지 분석하거나 예측하려고 하지 말아야 한다. 전지전능하지 않는 이상 판단이 불가능하기 때문이다. 여러분이 할 수 있는 최선은 확실히 도움이 될 이 지침을 따르는 것이다.

이 지침을 한 시간에서 세 시간 또는 24시간 반복해서 읽는다. 만약 모임이 있다면 번갈아 읽어주면 좋다. 이렇게 하면 죽어가거나 이미 사망한 이의 곁에 누군가가 계속 같이 있을 수 있다. 옴마니뺴메홈(한 번에 백 번이나 천 번) 진언 염송과 이 지침을 큰 소리로 번갈아가며 읽는다.

보리심으로 넘치는 대비大悲의 마음으로 애정을 담아 읽는 것이 중요하다.

만약 자신을 본존으로 여기는 수행을 알고 있다면, 이 지침을 읽으면서 본인을 금강살타, 보현여래, 구루 린포체, 아미타불이라고 확신하라.

2. 법성광명의 바르도

보신報身

하루 동안 법신法身 지침을 반복해서 독송한 후, 이제 사자에게 새로운 지침을 준다. 다시 한번 말하지만, 이 지침을 되도록 많이 반복해서 읽어준다.

어쩌면 여러분이 사는 국가는 시체를 즉시 화장해야 한다고 법으로 규정되어 있을 수 있다. 현대사회의 많은 곳에서 이 법이 시행되고 있다. 하지만 걱정할 필요가 없다. 시신 옆에 앉을 수 없다면, 사자가 좋아했던 장소라면 침실이나 거실, 작업실, 정원, 또는 어디라도 좋다. 이것조차 불가능한 경우 사자가 좋아했던 물건을 옆에 둔다. 이것도 불가능하다면 그저 사자의 이름을 부르면 된다.

불자들에게 몸은 마음을 담는 그릇일 뿐이니 가능하다면 몸을 화장한 후에도 이 가르침을 계속 읽도록 한다.

오! 고귀한 가문의 자손이신 ○○○(사자의 이름)이시여!

어제 당신은 청정하고 인위적이지 않은 부처의 상태에 머물지 못했습니다.

해탈의 기회를 놓쳤습니다.

인위적이지 않은 부처의 상태는 너무도 낯설고 견디기 힘들어 당신은 의식을 잃었습니다.

옴 마니 빼메 훔

당신의 의식이 이제 회복되었습니다.

당신은 경험하는 모든 것이 두려울 것입니다.

격렬한 분노와

날카롭고 각진 모양과 상징이 당신을 둘러싸고 있습니다.

분노존의 형상과 시끄러운 소음이 당신의 인식을 채웁니다.

생전에 본 적도 들어본 적도 없던 것입니다.

옴 마니 빼메 훔

수많은 머리와 불타는 얼굴을 가진 흉측한 형상들이

허공에 가득합니다.

거센 우박폭풍처럼 들어본 적 없는 천둥소리와 같은 격한 소음이

당신의 귀를 먹먹하게 합니다.

날카로운 광선 바늘이 당신 주위의 공간을 찌릅니다.

옴 마니 빼메 훔

오! 고귀한 가문의 자손이신 ○○○(사자의 이름)이시여!

두려워하지 마십시오.

이는 당신의 마음이 죽음의 순간에 경험한 것과

동일한 부처의 빛, 표출, 춤,

밀물과 썰물입니다.

당신의 마음이 죽음의 순간을 경험하고 있습니다.

당신은 이 경험이 너무도 낯설기 때문에 두렵습니다.

생전에 겪어본 적이 없기 때문입니다.

그러니 두려워 마십시오.

이것이 '내 마음의 본성'임을 기억하십시오.

이것이 부처입니다.

옴 마니 빼메 훔

이 단계에서 바르도체는 아마도 의식을 잃을 것이다.

오! 고귀한 가문의 자손이신 ○○○(사자의 이름)이시여!

다시 한번 해탈의 기회를 놓쳤습니다.

자신의 불성의 표출인

분노존의 형상을 인식하지 못했기 때문입니다.

당신은 의식을 잃었습니다.

옴 마니 빼메 훔

이제 의식이 돌아왔습니다.

무한한 무지개와 같은 색, 소리와 형상

당신은 평화와 위안을 경험하고 있습니다.

폭풍 후의 고요함처럼.

찬란한 빛살이 밝게 빛납니다.

그리고 당신은 이제 형상, 몸이 있다고 상상합니다.*

옴 마니 빼메 훔

무지갯빛의 구체球體가 허공을 메웁니다.

각각의 구체에 보살들에 둘러싸인 부처님께서 앉아 계십니다.

이 거룩한 분들의 심장에서

찬란한 빛살이 심장에 꽂히듯이 비춥니다.

옴 마니 빼메 훔

당신이 보는 모든 새로운 형상은 익숙해 보입니다.

---

* 이를 의생신(意生身)이라고 한다 ─ 옮긴이.

기억하십시오.

체험하는 모든 것은

마음의 투영일 뿐입니다.

옴 마니 빼메 훔

이 형상들을 부끄러워하지 마십시오.

이는 그저 당신의 마음일 뿐입니다.

이 형상들을 두려워하지 마십시오.

당신의 마음이 보이는 것을 만들었다는 것을 믿으십시오.

옴 마니 빼메 훔

몇몇 형상은 밝지도 화려하지도 않습니다.

그들의 부드럽고 차분한 음색이 당신을 매료합니다.

당신은 그들의 감미로운 평온함에 이끌립니다.

분노하고 날카롭고 빛이 나는 형상들보다 당신을 환영합니다.

옴 마니 빼메 훔

이 부드러운 형상에 속지 마십시오.

그들에게 다가가지 마십시오!

다가가면 그들은 빠르게 커집니다.

분노와 질투, 탐욕과 같은

익숙한 모든 번뇌 속으로 빠져들게 됩니다.

당신은 이 부드러운 형상에 매력을 느낍니다.

이 번뇌들을 잘 알고 익숙하기 때문입니다.

옴 마니 빼메 훔

우리 대부분은 익숙한 것을 선호한다. 우리가 습관적으로 경험하는 번뇌는 끔찍할 정도로 고통스럽지만, 편안할 정도로 익숙하기도 하다. 종종 우리는 전혀 모르는 것보다는 알고 있는 고통을 더 선호한다. 마음은 이렇듯 자기학대적이다. 그러므로 불자들은 육체가 사망한 뒤에 우리가 겪게 되는 '참고할 것이 없음'이라는 표현을 견디기 힘들어한다.

번뇌는 우리를 느끼게 만든다. 살아 있다고 느끼고, 존재한다고 느끼고, 느낄 수 있다고 느낀다. 번뇌를 다스리기 위한 치료법은 수행이다. 이는 '참고할 것이 없음'과 번뇌, 사념에 휘말리거나 얽히지 않기 위한 것이다. '얽매이다'나 '몰두하다'와 같은 단어들은 '참고할 것이 없음'의 고통을 사멸하는 효과가 있기 때문에 사용된다. 이상하게 들리지 않는가? 그러나 현실은 사념에 얽매이면 고통을 겪는다. 그런데도 우리는 그 고통을 좋아한다. 그 고통은 우리에게 살아 있다는 느낌을 주기 때문이며, 우리는 고통이 없는 새로운 경험의 위험을 감수하기보다는 차라리 우리가 알고 있는 고통을 선호한다.

이처럼 어떤 식으로든 우리 모두는 자기학대자들이다. 그래서 우리는 덜 무서운 것에 더 편안함을 느낀다. 우리가 지금 보는 너무 밝지 않고 너무 특별하지 않은 색깔과 형상이 편안하다. 그러므로 이들과 함께하기를 갈망하는 것이다.

> 오! 고귀한 가문의 자손이신 ○○○(사자의 이름)이시여!
> 미묘한 광경들에 끌리지 마십시오.
> 찬란한 색상과 생생한 형상에 집중하십시오.
> 화염에 휩싸인 분노존의 형상에서 빛이 뿜어져나올 것입니다.
> 그 빛은 당신의 눈을 관통합니다.
> 찬탄하십시오!
> 그 빛을 간절히 믿으십시오!
> 그 빛을 향해 기도하십시오!
> 보고 있는 모든 것은 자기 마음의 투영이라는 것을
> 언제나 기억하시기 바랍니다.
>
> 옴 마니 빼메 훔
>
> 그 찬란한 빛의 참모습을 계속해서 믿으십시오.
> 모든 밝고 번쩍이는 형상들과 찬란한 빛들이 점차적으로
> 미미하고 유혹적인 것들 안으로 녹아 사라질 것입니다.
> 그러면 당신은 해탈하게 됩니다.
>
> 옴 마니 빼메 훔

한 시간이나 두세 시간 동안 이 지침을 반복해서 읽어준다. 읽어주는 횟수는 여러분에게 달렸다. 가능하다면 세 번, 다섯 번, 일곱 번씩 내일과 모레에도 반복해서 읽어준다.

항상 이렇게 시작하라.

오! 고귀한 가문의 자손이신 ○○○(사자의 이름)이시여!
다시 한번 당신은 해탈의 기회를 놓쳤습니다.

할 수 있다면, 지금 이 순간 죽어가는 수백만 명의 사람들을 불러본다. 바르도체들의 의식은 더 이상 몸에 갇혀 있지 않기 때문에, 어디에 있든 여러분의 목소리를 들을 수 있다. 여러분이 런던에 있고 육신이 없는 바르도체가 뉴욕에 있더라도 마치 바로 옆에 있는 것처럼 여러분의 소리를 들을 수 있다.

모든 것이 마음이라는 걸 언제나 기억하라. 바르도체는 자신이 보는 모양과 색깔, 형상을 두려워할 필요는 없지만 그것들에 집착해서는 안 된다.

업력의 차이에 따라서 어떤 이는 바르도에서 겪는 단계들이 한꺼번에 일어나기도 하고, 어떤 이는 점차적으로 펼쳐지기도 한다. 우리는 전지전능하지 않기에 바르도체가 어느 단계에 있는지 알지 못한다. 우리가 할 수 있는 최선은 우리가 하는 말이 최소한의 도움이 되리라는 희망 안에서 최대한 빠르고 많이 이 모든 지침을 주는 것이다. 지속적인 반복은 일종의 보험증서다. 더 많이 반복함으로써 바르도체는 적어도 한 번 이상 그 지침을 들을 가능성이 높아진다.

3. 재생의 업의 바르도

3일이 지난 후 이렇게 독송한다.

오! 고귀한 가문의 자손이신 ○○○(사자의 이름)이시여!

산란함을 버리고 귀담아들으십시오.

당신은 길을 잃고 유랑하고 있습니다.

당신은 자각하지 못했습니다,

적정의 바르도와 분노의 바르도의 소리와 형상과 빛의 나툼은

마음본성의 직접적이고 내적인 투영이라는 것을.

당신은 그 본연의 상태에서 멀어져서

본각本覺은 더 이상 청정하지 않습니다.

당신의 투사와 인식은 조잡하고 거칩니다.

옴 마니 빼메 훔

당신은 이제 자신이 죽었다는 것을 압니다.

다시 살기를 갈망하지만,

새로운 삶을 위한 원인과 조건이 아직 무르익지 않았습니다.

대신 죽음에 대한 인식에 얽매여 있습니다.

천둥소리와 혼을 빼앗기는 강한 불빛에

계속해서 두려움을 느낍니다.

마치 나락에 떨어진 것 같습니다.

당신이 인식하는 모든 것은 변화무쌍하고 낯섭니다.

너무 빨리 바뀌고 변해서,

익숙해질 시간이 없습니다.

옴 마니 빼메 홈

당신이 경험하는 모든 것이 마음에 공포를 일으킵니다.

참고할 만한 것이 전혀 없습니다.

쉴 곳이 없고,

평화가 없고,

조용한 곳이 없어,

숙고할 기회가 없습니다.

옴 마니 빼메 홈

오! 고귀한 가문의 자손이신 ○○○(사자의 이름)이시여!

이 모든 것을 통해,

기억하려 노력하십시오.

모든 것이 당신 마음의 투영임을.

옴 마니 빼메 홈

마음은 허공과 같아,

색깔과 형상과 경계가 없습니다.

그러나 아는 성질과 자각능력은 항상 존재합니다.

마음의 본성에 확신을 가지십시오.

옴 마니 빼메 훔

이전의 두 바르도 상태는 참고할 것이 없고 음식, 허기와 같은 개념이 존재하지 않았다. 이제 의생신意生身이 생겨났으므로 사자는 호흡과 마음이 강해지고 구체화될 것이며, 음식과 음료와 같은 자양분의 개념이 빠르게 회복될 것이다. 하지만 육신이 없으므로 냄새만 먹을 수 있다. 이런 이유로 사자에게 연기를 공양하는 훈연공양燻煙供養을 올린다.

훈연공양

훈연공양은 사자를 위한 전통적인 의식이다. 사망 후 약 3일 뒤에 친척과 친구들이 사자를 위해 채소를 태우며 훈연공양을 올린다. 티벳인들은 볶은 보리를 태우지만, 여러분은 좋아하는 모든 종류의 채소를 태울 수 있다. 비스킷을 태워도 좋다.

이 향기로운 연기를 재산, 음식, 음료, 주거지, 교통 등의 무량무변한 풍요로 관상하라. 공양물을 증익하고 축성한 후 그 공덕을 사자와 일체중생의 안녕을 위해 회향하라.

이상적으로 여러분 자신을 관세음보살로 관상하거나 본인이 선호하는 적정존의 본존으로 관상한다. 의생신들은 불안하고 초조하고 두려울 것이므로, 차분한 환경을 조성하기 위해 자신을 적정존의 본존으로 관상하는 것이 도움이 된다. '옴아훔'을 몇 차례 반복하고 공양물에 청수를 뿌려 축성한다.

　이 공양을 올릴 때 여러 이유로 큰 소리를 내지 못한다면, 조용히 독송해도 좋다.

좀 더 자세한 수행을 원한다면, 촉링 테사르 훈연공양을 참고하라. 영역본은 다음 웹사이트에서 내려받을 수 있다.
https://lhaseylotsawa.org/texts/ karsur-and-marsur.

오! 고귀한 가문의 자손이신 ○○○(사자의 이름)이시여!
이 음식을 흡족할 때까지 흠향하십시오!
제공된 모든 것을 마음껏 즐기십시오.

이 생에 집착하지 마십시오.
뒤에 남겨진 이들을 그리워하지 마십시오.

대신 스승을 생각하십시오.
본존을 생각하십시오.

부처님들의 정토를 생각하십시오.
무량광의 주主이신 아미타불의 정토를 생각하십시오.
아미타불의 불호를 계속해서 염송하십시오.

아미타불

아미타불은 보살이었던 전생의 자신을 생각하거나 불호를 염송하기만 해도 임종 후 즉시 그의 정토에 나기를 지극한 마음으로 발원했다. 의생신에게 아미타불의 불호를 계속해서 일깨워주도록 하라.

오! 고귀한 가문의 자손이신 ○○○(사자의 이름)이시여!

아미타불 진언

나무아미타불

또는

옴아미데와흐리

마음을 다하여 아미타불께 기도하십시오.
관세음보살과 구루 린포체께도 기도하십시오.
그분들께 강한 신심을 일으키십시오.
의심을 품지 마십시오.
그분들과 불이不二의 경지를
성취하기를 거듭거듭 기원하십시오.
만약 온 마음을 다하여 지극하게 기도한다면
아마타불 정토에 왕생할 것입니다.
환희용약歡喜踊躍하십시오.

두려워 마십시오.

마음을 편히 하십시오.

확신을 가지십시오.

흔들림 없는 신심을 강하게 일으키십시오.

다음으로

오! 고귀한 가문의 자손이신 ○○○(사자의 이름)이시여!

당신은 집중하지 못했습니다.

당신은 아미타불 정토에 왕생하지 못했습니다.

이제 자궁을 향하여 휩쓸려 들어가게 될 것입니다.

옴 마니 빼메 훔

오! 고귀한 가문의 자손이신 ○○○(사자의 이름)이시여!

산란함 없이 귀담아 잘 듣도록 하십시오.

옴 마니 빼메 훔

만약 나무 숲을 보거나

동굴이나 축축하거나 어둡거나 그늘진 곳을 본다면

조심하십시오!

그곳에 가지 마십시오!

아름다운 숲이나 멋진 집을 본다면,

조심하십시오!

그곳에 가지 마십시오!

옴 마니 빼메 훔

그런 곳을 탐하지 마십시오.

그런 곳에 서둘러 가려 하지 마십시오.

성급한 결정을 내리지 마십시오.

옴 마니 빼메 훔

대신 인간으로 환생하기를 발원하십시오.

부처님의 가르침과 인연 있기를 발원하십시오.

부처님의 가르침을 자유롭게 받을 수 있는

지구에 태어나기를 발원하십시오.

이 동기와 발원을 계속해서 하십시오.

옴 마니 빼메 훔

지나치게 흥분했다면

차분해지려 노력하십시오.

옴 마니 빼메 훔

　밀교 수행자들은 이때 아버지를 구루 린포체나 자신이 닦았던 본
존으로 관상하고, 어머니는 예셰초걜이나 본존의 명비明妃로 관상하
라. 어머니에게 질투를 느끼고 아버지에게 연정과 애욕을 느낀다면
딸로 태어날 것이고, 아버지에게 질투를 느끼고 어머니에게 연정과
애욕을 느낀다면 아들로 태어날 것이니, 어느 한쪽 부모에게도 욕망
이나 질투의 원한을 느끼지 않도록 하라. 대신 구루 린포체와 예셰초
걜에 대한 신심을 지니고 환희심을 지니며 자궁으로 들어가라.

11
죽어가는 자와 사자를 돌보는 것에 대한 질문

"기다려!"—

그리고 잠시 멈춰 서서

"부처님, 자비를 베푸소서!"[1]

_ 샤요

Q 매일 죽고 싶다고 말하는 노인을 능숙하게 대하는 방법이 있을
까?

A 그들과 대립하거나 논쟁하지 않는 편이 나을 것이다. 가능하다
면 할 수 있을 때마다 옴마니빼메훔을 염송하거나 흥얼거려보
라. 아무렇지도 않게 흥얼거리거나 휘파람을 부는 방식을 시도
해보라. 그분에게 직접적으로 하지 말고 은연중에 당신의 흥얼
거림을 듣게 만들어보자. 그분이 당신의 흥얼거림을 좋아하든

싫어하든 상관없다. 이를 한 번이라도 들으면 불법과 인연을 맺을 수 있다. 그 인연이 도움이 될 것이다. 좋거나 싫은 반응 모두가 인연을 맺었다는 징표다.

그분의 상황이라면 죽고 싶다는 마음을 갖는 것이 완전히 이해된다고 그분에게 말해보라. 죽고 싶을 때마다 사람, 동물, 자연환경 등을 도울 수 있는 능력을 가지고 환생하기를 발원하면 어떻겠느냐고 제안해보라.

Q 자신은 나쁜 사람이라 결국 지옥에 갈 거라고 믿는 기독교인에게 뭐라고 해야 좋을까?
A 자신의 신에게 기도하며 용서를 구하라고 말해주라. 위의 내용처럼 옴마니빼메훔을 가볍게 염송해도 좋을 것 같다.

Q 죽어가는 이가 귀신과 같은 무서운 환영을 보기 시작했다. 어쩌면 좋을까?
A 그것은 마음의 속임수라 말해주고, 옴마니빼메훔이나 다른 다라니를 염송한다.

Q 죽어가는 이가 무슨 일이 일어나고 있는지 인정하지 않고 잡담을 하고 싶어한다. 이럴 때는 어떻게 해야 하나?
A 함께 잡담을 나눈다. 그렇게 하면 죽어가는 이의 마음을 얻을 수 있다. 또한 잡담 중에 보리심이나 옴마니빼메훔과 같은 귀한 정보를 소개할 수 있다.

Q 죽어가는 이가 살려는 의지가 너무 강해서 죽음의 순간에 놓지 않으면 어떻게 할까?

A 살고자 하는 의지가 아무리 강하더라도 죽음을 피할 수는 없다. 삶에 대한 강한 의지는 죽어가는 이가 죽음을 받아들이지 않았다는 표시이며, 이러한 수용의 부족은 고통을 가중시킬 수 있다. 아직 수명이 다하지 않았는데도 죽음으로 다가가는 원인과 조건이 무르익었다면, 강한 삶의 의지가 생을 되찾는 데 도움이 될 수 있다. 다시 말해 죽음이 가까이 다가온 것처럼 보여도 수명은 손상되지 않을 수 있다는 말이다. 그래서 적절한 상황에서 누군가의 삶을 되찾는 장수에 관련된 기도와 의식을 하는 것은 무척 좋은 일이다.

만약 밀교 수행자라면, 「무량수지경無量壽智經」을 큰 소리로 독송한다.

영어본 「무량수지경」은 다음 웹사이트를 참고하라.
www.lotsawahouse.org/words-of-the-buddha/sutra-boundless-life.

적절한 관정灌頂을 받은 밀교 수행자들은 세 장수본존의 진언을 염송하거나 무량수불無量壽佛이나 치메 팍메 닝틱과 같은 따라보살 의식을 행할 수 있다. 만약 치메 팍메 닝틱의 관정을 받았다면 금강상사께서 주신 법본을 따르면 된다.

죽어가는 이의 이름으로 선행을 하는 것도 도움이 된다.

방생放生을 하는 것도 매우 좋다. 예를 들어 잠양 켄체 왕뽀의

「방생의궤放生儀軌: 방생을 통한 장수와 번영」을 활용하라. 이 책 부록에 나와 있다.

이상적으로는 남은 생을 채식주의자로 산다고 서약할 수 있고, 적어도 하루나 일주일, 1년 중 한 달과 같이 일정 기간을 정해놓고 채식을 해본다.

무량수불이나 따라보살상像 또는 탱화를 의뢰하거나 구입하거나 조성하는 것도 좋다.

심지어 사원을 건립하는 불사를 할 수도 있다.

Q 죽음이 임박했다는 예상치 못한 소식을 듣고 모든 것이 너무도 빠르게 진행되어 충격에 빠진 죽어가는 이를 어떻게 도울 수 있을까?

A 죽어가는 이가 불자라면 삼보를 떠올리게 하고 모든 바르도 지침을 큰 소리로 읽어준다. 특히 밀교 수행자에게 중요하다.

비불자라면 사랑과 정성으로 온 마음을 다해 보살펴준다. 그분이 임종한 후에 바르도 지침을 읽을 수 있는 충분한 시간이 있을 것이다. 그분의 이름으로 선행을 하는 것도 자량을 쌓을 수 있는 좋은 방편이다.

Q 사후에 일어나는 일에 대한 종교적 믿음이 죽어가는 이에게 위안이나 두려움을 일으킬 수 있다고 생각하나?

A 종교적 믿음의 본질에 따라 다를 것이다. 죽어가는 불자가 해탈의 토대(4장 참조)에 대해 듣는다면 무척 고무적일 것이다. 죽음

의 순간에 깨어나고 해탈할 수 있는 큰 기회를 일깨워주기 때문
이다.

Q 죽어가는 가톨릭 신자에게 성모 마리아 기도를 하도록 독려해
야 할까?

A 거룩하고 성스러운 존재는 대개 자신의 선함을 반영한다. 거룩
한 존재에게 기도하려는 열망은 믿음과 겸손의 한 형태다. 기도
할 때에는 자신보다 더 신성하고 거룩한 누군가 또는 무언가를
믿는다. 이와 같은 믿음은 매우 훌륭한 인간의 덕성이지만, 모든
사람이 이런 식으로 믿지는 않는다. 기도할 때 거룩함에 대한 진
정한 겸손, 신심, 믿음은 불보살님들과 성스러운 존재, 즉 성모
마리아와 같은 거룩한 존재의 형태로 다시 우리에게 반영된다.
가톨릭의 경우, 성모 마리아는 평온함과 부드러운 연민을 나타
내는데, 이 두 가지 모두 임종 시 마음속에 간직할 수 있는 매우
좋은 덕목이다. 그러니 성모 마리아에게 기도하는 것은 매우 좋
은 생각이라는 답변 이외에 다른 답은 없다.

Q 죽어가는 불자에게 언제 수행을 상기시킬 필요가 있는지, 아니
면 침묵이 더 나은지 모르겠다. 죽어가는 사람을 방해하거나 주
의를 산만하게 만들고 싶지 않기에 무언가를 하는 것이 조심스
럽다. 어떻게 하면 좋을까?

A 분명히 쉽지 않은 주제다. 그러나 질문의 내용보다는 마음의 동
기가 중요하다. 선하고 청정한 동기를 일으켜야 한다. 그런 다음

성모 마리아

격려와 지침을 주기 위해 최선을 다해본다. 그리고 예민하게 살펴야 한다. 죽어가는 이를 귀찮게 하지 말아야 한다.

공감능력과 직감이 좋은 간병인들은 죽어가는 이의 반응을 읽을 수 있어 그에 맞춰 일을 조절할 수 있다. 죽어가는 이가 자신에게 죽음이 다가오고 있다는 말에 짜증 내거나 그 말을 듣고 싶지 않아 하더라도 너무 주저하지는 말자. 지금은 눈치 볼 상황이 아니다. 만약 이분에게 임종이 다가온다는 것에 의심이 없다면 말해줘야 한다. 물론 불안할 수 있겠지만, 죽음의 순간과 바르도에서 어떻게 해야 하는지에 관한 당신의 조언은 그분이 이전에 들었던 그 어떤 내용보다 도움이 될 것이다. 하지만 이런 정보를 전달하려면 용기가 필요하다. 그래서 순수한 동기와 몸짓언어, 태도, 심지어 목소리 어조도 매우 중요하다. 모두 도움이 될 것이다.

Q 수행을 통해 죽어가는 이를 도우려 할 때, 나의 애매모호한 감정(비탄과 반감, 슬픔, 사랑하는 사람에게서 물질적 이익을 얻으려는 욕망)과 감정적 스트레스(극심한 트라우마)를 어떻게 다루어야 할까?

A 그래서 동기를 살피는 것이 그 어떤 것보다 중요하다. 다른 것은 모호하더라도 마음의 동기가 사랑과 연민, 특히 아무리 얄팍하더라도 보리심이라면 무엇을 해도 도움이 될 것이다.

만약 불자라면 앞서 언급한 사무량심(자비희사慈悲喜捨)을 숙고할 것을 제안한다. 스스로 상기하기 위해 이를 염송하는 것도 좋은 방법이다.

Q 나는 세 명이 죽어가는 것을 보았는데 죽음의 순간 모두 고통스러워하며 죽음을 받아들이지 못하고 두려움에 몸부림치며 저항했다. 의사는 육신이 죽어가는 과정은 고통스럽지만 죽어가는 이의 마음은 이를 모른다고 말했다. 나는 그 의사의 말을 믿지 않았다.

A 이것이 바로 원소의 은멸이다. 만약 누군가가 죽어갈 때 그런 일이 일어난다면, 이 책의 10장을 큰 소리로 읽어라.

Q 죽음의 과정이 언제나 고요하고 낭만적이며 평화로운 것만은 아니다. 간병인으로서 가끔 무섭기도 하고 죽어가는 이의 배설물 냄새가 역겹기도 하다. 어떻게 대처해야 좋을까?

A 항상 자신을 격려하라. 당신은 한 사람이 다른 사람에게 할 수 있는 가장 큰 봉사를 하고 있다. 죽어가는 이를 돌보는 일에 기꺼이 책임을 지는 사람이 거의 없기 때문에 너무나 많은 사람이 죽음을 홀로 맞이한다. 죽음의 과정보다 더 고통스럽고 두려운 것은 없다.

당신이 불자라면 불보살님들께 힘을 달라고 기도하라. 당신이 하는 모든 것이 죽어가는 이가 바라고 필요로 하는 것이 되도록 지혜와 연민을 구하는 기도를 해보라. 또한 그 도움으로 그들 마음에 보리심의 씨앗이 뿌려지고 싹트길 기도하라.

그러나 너무 무리하거나 빨리 하려 들지는 마라. 죽어가는 이를 돕는 것은 말할 수 없이 용감한 일이지만, 그 모든 것에 익숙해지려면 시간이 필요하다. 아주 작은 발걸음부터 시작하여 차근차근 단계적으로 밟아나가기를 바란다. 만약 마음의 동기가 사랑과 연민과 보리심에 뿌리를 두었다면 무엇을 하든 도움이 되리라는 확신이 들 것이다.

Q 예를 들어 죽어가는 이가 모르핀과 같은 강한 약물 복용자라면 어떻게 도울 수 있을까?

A 임종 후에 이 책의 바르도 지침을 읽는다. 모르핀은 신체에만 영향을 끼치므로, 일단 사망하면 정신에 끼치는 영향은 훨씬 적을 것이다.

Q 내 일은 죽어가는 이를 돌보는 것이다. 종종 죽어가는 이의 친척과 친구들이 임종을 지키고 싶다고 말할 때가 있다. 방해하려는 의도는 아니겠지만, 죽어가는 불자가 진언을 염송하거나 가르침을 받는 것을 어렵게 만들 수 있다. 어떻게 해야 하나?

A 만약 친척이나 친구 중 한 명이라도 당신의 말에 귀를 기울인다면, 바르도에 대해 말해주는 것이 좋다. 하지만 누구도 당신의 말을 들으려 하지 않는다면, 조용한 곳에 앉아 이 책의 지침을 읽고 기도하거나, 『티베트 사자의 서』나 당신의 좋아하는 바르도 지침을 읽는다. 그 무엇도 그 누구도 당신을 막을 수 없다.

실질적으로 말하면, 티벳 전통에서는 죽어가는 이의 허리 아래의 신체를 만지지 않는 것을 권한다. 가능하다면 친척과 친구들이 발이 아닌 머리맡에 모이도록 하라.

Q 내적 은멸이 끝난 신체적 징후는 무엇인가? 의사들이 사망 시 볼 수 있는 사후경직의 시작과 비슷한 것인가? 사자의 의식이 몸을 떠났는지 어떻게 알 수 있을까?

A 의사들이 보는 징후는 내적 은멸이 끝났음을 알리는 징후와 같을 수 있다. 하지만 죽음의 과정은 획일적이지 않고 눈에 띄는 징후도 사람마다 다르다. 죽음의 과정에 예민한 위대한 수행자들은 의식이 몸을 떠날 때를 알 수 있다. 그러나 우리와 같은 범부들 대부분은 의식이 몸을 떠날 때를 아는 것이 불가능하기에 일반적인 지침에 의존해야 한다. 숨이 멎었고 몸은 차갑고 어떤 식으로든 반응이 없다면, 그 사람은 조만간 완전히 죽은 상태에 다다를 것이다.

Q 만약 수행자가 아닌 사람이 사후에 시체의 심장 주위에 온기가 하루까지 지속된다면, 이는 툭담Tukdam의 상태로 들어간 것인가? 아니면 이 온기에 대한 다른 설명이 있을까?

A 툭담은 수행 성취자가 사망 직후에 선정 상태에 머무는 것을 설명하는 용어다. 수행자가 아닌 사람의 심장 주위가 따뜻한 것은 삼매三昧 표시가 아닐 것 같다. 어쩌면 산만한 상태일 수도 있다.

Q 시신 옆에 부처님이나 스승의 사진을 놓아야 할까?

A 그렇다. 하지만 사진을 반드시 사자가 사망한 장소에 둘 필요는

없다. 병원에서 사망할 경우 정리하기 어려울 때도 있다. 대신 사자의 침실에 되도록 오래 두면 좋을 것 같다.

Q 죽음의 순간에 마음상태가 매우 중요하며, 가능한 한 침착해야 한다고 들었다. 아버지는 임종 시 무척 고통스럽고 괴로워 보였다. 아버지께 무슨 일이 일어났는지 염려된다.

A 고통 속에 죽은 사랑하는 이들을 위한 많은 행법이 있다. 예를 들면 사자를 위한 정화 의식으로 창촉chang chok이 있다. 사자의 가족들은 많은 방법으로 사랑하는 이를 도울 수 있다. 자선단체에 자원봉사를 하고 기부금을 내거나, 가난한 사람들에게 음식과 의복을 나눠주거나, 노숙자들에게 쉴 곳을 제공하는 것 등이 있다. 그리고 그들이 한 모든 일을 사랑하는 사람의 추모를 위해 회향한다. 또는 지구 살리기 캠페인이나 환경정화 운동에 동참한다. 이 모든 선행과 덕행의 공덕을 회향하는 것은 사자에게 정말 도움이 된다.

또는 불상佛像을 의뢰할 수 있다. 만약 여의치 않다면 인터넷에서 사진을 내려받은 다음 이를 인화해서 집에 걸어두거나, 여러 장 인화하여 나누어준다. 부처님의 가르침이 담긴 경전을 독송한다. 또는 선호하는 경전이 있다면 인쇄하여 사본을 무료로 법보시하고, 불법의 중흥을 위해 사원에 보시하라.

사자의 공덕을 쌓기 위한 많은 방편이 있는데, 원한다면 인도의 보드가야나 중국의 오대산을 비롯해 본인이 선호하는 성지에 가서 초, 향, 꽃 등을 공양 올린다. 또는 2시간, 2일, 2주 동안 성지와 사원 주변의 쓰레기를 치우고 정리하는 것도 매우 좋다. 수행자들이 공부와 수행에 전념할 수 있도록 후원해줄 수도 있다. 이 예시들은 모두 여러분이 할 수 있는 선행과 덕행들이다. 하지만 여러 다른 선택지가 있다. 불교에서의 자량은 모든 활동이 진리를 이해하는 데 얼마나 더 가까이 가느냐에 달려 있다는 점을 기억해야 한다.

여러분이 밀교 수행자라면 사자의 의식을 더 나은 환생으로 이끄는 창촉의식과 같이 사랑하는 사람을 돕기 위해 할 수 있는 수많은 의식이 있다. 창촉은 수천 년 전에 사망했더라도 할 수 있고, '초귤 링빠'의 「콜와 동툭」은 매우 쉽게 할 수 있다.

창촉은 무엇인가?

부처님의 가르침은 원인, 조건, 결과[因緣果]에 대한 자각을 수행으로 옮기는 것에 대한 포괄적인 지침을 제공한다. 근본적으로 원인, 조건, 결과는 공성의 본질에서 벗어나지 않는다. 부처님께서는 일체가 원인과 조건이라 하셨는데, 그중에서도 가장 강력한 원인과 조건은 의도, 즉 마음이라고 하셨다.

의심 많은 현대인의 마음은 원인과 조건의 광대하고 무량한 드러남을 확신하지 못하며, 아마도 창촉 의식에 많은 의심을 품고 있을 것이다. 어린아이처럼 천진난만하고 순진한 마음을 가졌다면 모래성을 실제처럼 즐기고 감탄할 수 있다. 반면에 복잡하고 성숙하며 계산적인 성인의 마음은 모래성을 무시할 가능성이 더 크다. 성인의 마음이 원하는 것은 현실적인 것, 즉 진짜 성이기 때문이다.

여러분의 마음이 모래성에 만족할 만큼 충분히 유연하다면, 이른바 죽음은 이 방에서 저 방으로 걸어 들어가는 것처럼 단순할 수 있다. 이런 사람이라면 사자가 알아야 할 모든 내용을 알려주기 위해 돌아와달라고 요청하는 것은 어려운 일이 아닐 것이다. 이것이 바로 밀교 수행자들의 생각이다. 그들은 공성을 믿고 원인, 조건, 결과의 법칙을 이해하기 때문에 금강승의 무한한 방편 중 하나인 단순한 행법으로 사자의 의식을 창촉 의식을 하는 곳으로 불러낼 수 있다.

석가모니 부처님

창촉의식은 어떻게 해야 할까? 우리는 사자의 의식을 부른다. 종이 한 장에 인형을 그리고, 인형의 중앙에 종자자種子字 니nri를 쓴다. 그 옆에 사자의 이름을 쓴다. 원한다면 다른 사자의 이름을 마음껏 써도 된다.

보리심의 공간에서 의식을 집전하기 위해 초대된 밀교 수행자는 본존(아미타불 또는 관세음보살)의 형태로 일어나 사자의 영혼을 불러 귀의계와 보살계를 준다. 또한 사자에게 적합한 가르침을 준다. 가장 중요한 것은 관정을 주는 것이다. 오감五感을 만족시키는 공양물을 마지막 공양물로 올린 후 사자의 의식을 만다라의 본존인 아미타불 또는 관세음보살의 심장으로 옮긴다.

이것이 '초귤 링빠'의 「콜와 동툭」의 구조다. 많은 좋고 짧은 창촉 정화 중에서 선택할 수 있는데, 그중 하나를 수행하기 전에 적절한 관정을 받아야 한다. 관정을 주는 법사에게 수행하는 방법과 법본을 요청해서 받는다.

아직 관정을 받지 않았거나 밀교 수행자가 아니라면 자격을 갖춘 법사나 승려, 법우에게 사망한 친구나 사랑하는 이를 위해 의식을 진행해달라고 부탁하라. 지금까지 여러 번 언급했듯이, 여러분이 누군가를 도우려 이러한 의식을 행하면 사자는 다르마[佛法]와 간접적으로 법연을 맺게 된다. 이 법연을 그들의 이익을 위한 의식을 청하고 모든 선행에 동참하는 토대로 사용하라.

Q 할머니는 돌아가실 때 웃고 계셨고 무척 평화로워 보였다. 우리 가족은 할머니께서 좋은 죽음을 맞이하셨다고 믿고 있다. 그런

데 할아버지의 죽음은 너무도 달라서 가족들이 무척 염려하고 있다. 전혀 좋은 죽음으로 보이지 않았다. 좋은 죽음이란 무엇인가?

A 사자의 입술이 일그러져 미소가 되는 것이 분명 좋은 죽음이라고 말하기는 어려울 것 같다.

좋은 죽음은 불보살님들의 불호를 염송하는 것을 들으며 죽는 것이다.

좋은 죽음은 누군가가 여러분에게 모든 존재의 안녕에 대해 생각하고 모든 존재가 행복하고 결코 고통받지 않기를 바라는 마음을 떠올리도록 상기시켜주는 것이다.

좋은 죽음은 여러분에게 욕심부리지 말고, 이생의 어떤 부분에도 집착하지 말고, 화내지 말라고 상기시켜줄 사람 곁에 있는 것이다.

불교에서의 좋은 죽음은 불법승 삼보의 분위기 안에서 죽는 것이다.

지극히 좋은 죽음은 죽는 순간 선지식이 마음의 본성인 부처를 안내해주는 것이다.

하지만 이 죽음은 좋고 저 죽음은 나쁘다고 성급히 판단하지 않길 바란다. 결국 누군가의 죽음에 대한 여러분의 생각은 자신의 인식이 바탕이 되므로 자신의 경험과 교육, 선입견으로 오염되어 있다.

Q 심폐소생술이나 심장 재박동을 위한 전기충격치료와 같은 응급

처치가 죽어가는 이에게 불필요한 고통을 주는가?

A 알 수 없다. 심각한 의료 응급상황의 경우 의사의 조언을 따르는 것이 가장 좋다. 우리 모두는 생에 극도로 집착한다. 살고자 하는 의지가 너무도 강해서 삶을 연장할 수 있는 가능성이 조금이라도 있다면 망설이지 않고 심폐소생술과 같은 응급처치를 받을 것이다. 그러나 다른 사람에게 진정으로 좋고 도움이 되는 것이 무엇인지 판단하는 것은 몹시 어렵다.

수행자들은 그 무엇보다 수행을 중시하기 때문에 수행하기 위한 시간을 조금이라도 더 가질 수 있다면 아마도 침습侵襲적 처치의 불편함과 고통을 가치 있게 생각할 것이다. 이러한 절차가 수행자에게 부처님이나 스승의 사진을 보거나 가르침을 듣는 데 필요한 추가 시간을 줄 수 있다면 대부분은 기꺼이 그 고통을 참을 것이다.

Q 남편이 죽어가고 있다. 그는 응급상황에서 생명 연장을 위한 응급처치를 받고 싶지 않다고 말한다. 그의 의견을 존중해야 할까?

A 아프거나 죽어가는 이가 의식이 있고 올바른 정신을 가지고 있다면, 즉 정상이고 이성적이며 명료하게 생각할 수 있고 정신병이 없다면, 그들의 의견을 존중하는 것이 좋다.

Q 의사들은 침습적 처치가 남편을 더 편안하게 해줄 수도 있다고 하는데, 남편은 그런 시련을 겪고 싶지 않다고 단호하게 말한다.

의사들의 주장에 반대해야 할까?

A 죽어가는 이의 정신이 건강하고 스스로 목숨을 끊을 생각이 없다면 그의 뜻을 존중해주어야 한다. 불자들에게는 선택사항이 아닌 존엄사를 원하는 것과 인공적인 방법으로 삶을 연장하지 않는 것 사이에 미세한 차이가 있다는 점을 명심하라. 경우에 따라 수행자는 수행에 방해가 되기 때문에 처치를 거부할 수 있다. 우리는 수행자의 바람을 존중해야 한다.

Q 죽어가는 이에게 모르핀과 같은 약물을 투여하여 고통을 조절하는 것과 그들이 죽음의 순간에 가능한 한 의식이 깨어 있을 수 있도록 마음의 명료함을 유지하도록 돕는 것 사이에서 적절한 균형을 찾을 수 있을까?

A 상황에 따라 다르다. 수행의 견해에서 보자면, 죽어가는 이가 수행자가 아니고 부정적인 습관이 강하다면 모르핀의 복용 여부와 관계없이 해탈할 확률이 동물과 비슷할 것이다.

되도록이면 죽어가는 수행자에게 정신을 혼미하게 만들거나 의식을 잃게 하는 약물을 주지 않는 것이 좋다. 수행자들은 죽을 때 무슨 일이 일어나는지 알고 싶어하기에 약물에 의해 정신이 흐릿해지는 것을 선호하지 않는다. 만약 그들이 의식을 유지하고 깨어 있을 수 있다면, 죽음의 순간을 위한 친구들의 진언염송 소리나 지침을 들을 수 있고, 부처님이나 스승의 사진을 볼 수도 있다.

Q 기도는 중요한가?

A 어떤 전통이나 법맥을 따르든 기도는 항상 큰 도움이 된다. 종종 어떤 것도 할 수 없을 때가 있다. 임종을 앞둔 누군가가 너무 두려워 공황 상태에 빠지면, 의사들은 그들에게 진정제를 주는 것 말고는 할 수 있는 게 없다. 여러분이 이런 사람을 돌본다면 침상에서 그분을 위해 기도하라.

영국인들은 자주 '마음이 중요하다'고 말한다. 진짜 그렇다! 기도는 망상보다 훨씬 더 강력하고 효과적이다. 그래서 모든 전승이나 법맥의 기도는 매우 유익하다.

여러분이 불자라면, 죽어가는 무신론자, 불가지론자, 또는 다른 종교를 따르는 사람들을 위해 기도를 하지 말아야 할 이유가 없다. 만약 죽어가는 이가 자신의 믿음에 대해 토론하는 데 열려 있다면, 그들에게 직접 자신의 전통에 따른 기도를 하고 싶은지 물어볼 수 있다.

12
사후에 무엇을 해야 할까

시신을 다루는 방법

시신을 다루는 것은 자국의 문화를 따르는 것이 가장 좋을 것이다. 티벳 전통은 사후에 오랫동안 시신을 만지거나 옮기지 않고 그대로 두는 것을 권장한다. 시신을 3일, 적어도 몇 시간 만이라도 그대로 둔다. 현대사회에서는 이렇게 하기 어렵기에 아마도 1~2시간 정도만 둘 수 있을 것이다. 이런 일이 일어나더라도 당황하지 말고 되도록 시신을 만지지 않도록 최선을 다해야 한다.

　　종종 시신을 만지면 안 되는 이유를 묻는 사람들이 있다. 살아 있을 때 마음은 이 세상의 그 무엇보다 몸과 가깝다. 누군가 만지면 반응할 수 있고 길에서 어떤 이와 부딪히면 그 사람에게 말을 걸 수도 있다. 그러나 죽으면 산 사람이 시신을 만졌을 때 사자의 마음이 얼마나 강하게 반응할지 알 수가 없다. 게다가 사자는 누군가가 자신의 몸을 만지면 극도의 불안을 느낀다.

밀교에서는 사망 시 의식이 신체의 윗부분을 통해 떠난다면—이상적으로는 정수리 차크라—사후에 긍정적이며 좋은 곳으로 갔다고 생각한다. 이런 이유로 티벳에서는 시신의 하반신 쪽을 만지지 말고 그 근처에 앉거나 서지도 말라고 하는 것이다. 친척과 가족들은 반드시 시신의 머리 근처에 서 있는 것이 좋은데, 바로 앞이 아니라 옆에 서 있어야 한다. 티벳 스승들이 다른 사람이 시체를 만지기 전에 사자의 정수리를 만지라고 조언하는 이유다.

사자의 가족들이 열린 마음을 가졌다면, 시신 위에 딱돌을 올려놓을 수 있다. 이는 그저 제안일 뿐 필수사항은 아니다.

딱돌

딱돌은 '지님으로 해탈'하는 방편이다.[1] 종종 시신 위에 딱돌을 놓는데, 이를 얻기 위해 죽을 필요는 없다. 살아 있는 동안에는 보호를 위해 지닐 수 있다.

이 방편에 관심이 있다면 이 책 부록에 정보가 나와 있다. 복사해서 지닐 수 있는 딱돌 차크라가 있다.

이 방편에 신심과 진정한 믿음이 있다면 시신 위에 올리는 딱돌 수행은 효과가 있다. 만약 사자가 이를 믿지 않거나 영적인 것에 반감이 있더라도 딱돌을 시신 위에 올리는 이의 마음의 동기가 자비와 연민, 보리심이라면 좋은 결과가 있을 것이다.

바르도 지침을 큰 소리로 독송하라

전통적으로 티벳에서는 『티베트 사자의 서』나 이와 유사한 내용이 담긴 지침을 읽어 사자를 인도한다. 그러나 사자가 사후를 믿지 않거나 극락과 지옥, 바르도 상태를 믿지 않는다면 어떨까? 전통적인 바르도 지침을 큰 소리로 읽는 것이 과연 효과가 있을까?

살아 있는 동안 누구도 죽은 후에 바르도를 경험할 것이라는 것을 과학적으로나 결정적으로 증명할 수 없다. 하지만 그렇지 않을 것이라는 것도 증명할 수 없다. 사후의 삶이 없다고 확신하는 사람이 이 책에 묘사된 무시무시한 환영에 둘러싸여 깨어나는 것이 어떨지 상상해보라. 그들이 어디에 있고 무엇을 해야 하는지에 대한 아주 작은 힌트조차도 환영받지 않을까? 그들이 생전에 믿었든 믿지 않았든 사자는 이 지침을 들어서 손해 볼 것이 없다.

여러분이 어떻게 사망하든(자연사 또는 돌연사), 어디에서 사망하든(병원이나 집, 거리 등) 그리고 언제 사망하든(90세이거나 19세이거나) 이 책에서 유용한 무언가를 발견할 것이다. 이 구절이 도움이 되지 않았다면 다른 구절이 도움이 될 것이다. 이런 이유로 바르도 지침을 계속해서 읽어야 한다. 죽어가는 이에게 처음 한두 번은 도움이 되지 않을 수도 있지만, 결국에는 도움이 된다. 여러분이 정확히 무엇을 해야 하고 언제 해야 하는지를 깨달은 존재가 아닌 우리와 같은 범부라면 사자를 인도할 수 있는 일반적인 조언을 따라야 한다.

사자를 위한 의식과 수행

티벳 전통에 따르면 사자를 도와주고 그들을 대신하여 수행하기에 가장 좋은 시간은 사망한 후 49일 동안이라고 한다.

사자가 친척이나 친한 친구, 특히 법우였다면 여러분의 역할이 중요하다.

- 불보살님들께 공양을 올린다.
- 그들을 대신해서 의식을 후원한다.
- 진언을 염송한다.
- 그들을 위해 제사를 지낸다.

만약 여러분이 밀교 수행자이고 적절한 관정을 받았다면, 사자나 죽어가는 이를 위해 홍관음紅觀音이나 아촉불阿閦佛과 같은 알고 있는 밀교의식을 행하는 것이 매우 중요하다.

또한 보드가야와 같은 성지에서 사자의 이름으로 등燈공양을 올릴 수 있다. 원한다면 향이나 꽃 등을 공양 올린다. 또한

- 방생을 한다(이 책의 부록 「방생의궤」 참조).
- 초나 버터램프를 공양 올린다.
- 채식주의자가 되기로 서약한다. 이상적으로는 평생, 그러지 못한다면 몇 개월이나 몇 주, 며칠과 같은 일정 기간을 정해 실천한다.
- 무량수불이나 따라보살 등의 불상이나 탱화를 의뢰하거나 사거나 조성한다.
- 사원을 건립한다.

원한다면 이 내용의 혜택을 받을 수 있는 다른 죽은 사람들의 이름을 포함해도 된다.

포와

티벳인들은 방금 사망한 이를 위해 법사나 승려들에게 포와Phowa*를 청한다. 그러나 사자가 수행에 관심이 없다면 이런 밀교의 방편이 도움이 될까?

금강승 가르침에 따르면 포와는 사자의 수행 경험 유무와 관계없이 도움이 된다고 한다. 이 의식을 행하는 이가 이 방편에 강한 확신과 믿음이 있다면 그 효과는 더욱 강력해진다. 만약 여러분이 불자이며 사자의 영적인 안녕을 염려하고 그들의 이익을 위해 기꺼이 이 의식을 진행할 의지가 있다는 것은, 사자가 이 의식과 법연이 있는 것이므로 이를 활용하라.

이런 의식이 익명으로 행해지지 말아야 할 이유는 없다. 익명의 도움은 매우 바람직하다. 자선 단체와 재단은 익명의 기부금을 꾸준히 모아 후원자가 만나본 적이 없는 불우이웃들에게 전한다.

훈연공양

전통적으로 훈연공양은 사후 3일 동안이나 일주일, 가장 좋은 것은

---

* 왕생법, 의식전이, 의식천이라고도 한다. 죽음을 앞둔 사람이 스승의 인도를 받아서 극락으로 가고자 행하는 의식을 가리킨다. 죽는 사람의 의식을 정수리의 범혈(梵穴)로 이동시켜 서방정토(Sukhavati), 묘희세계(Abhirati), 밀엄국(Ghanavyūha) 등의 정토나 천상계 등의 선처(善處)로 옮겨주기 위한 의식이다 – 옮긴이.

49일 동안 매일 하는 것이다. (자세한 내용은 10장 참조)

방생

불자들은 복덕자량福德資糧과 지혜자량智慧資糧, 이 두 가지 자량을 집적集積하는 수행을 한다. 복덕자량은 보시·정진·지계 등을 닦아서, 지혜자량은 선정禪定과 문사聞思(지혜)를 닦아 집적한다. 그러므로 육바라밀 중 셋은 복덕을 쌓고 둘은 지혜를 쌓는데, 두 가지 모두 인욕바라밀을 필요로 한다.

이 두 자량의 집적은 상호의존적이며 불도에서 없어서는 안 되는 양 날개다. 예를 들어 가장 세속적인 측면에서 살펴보자. 복덕자량이 없으면 가르침을 듣고 사유하고 수행할[聞思修] 방편이 부족하다. 지혜자량이 없으면 오직 단기적인 공덕만 쌓을 뿐이다. 지혜가 부족하면 하나의 연꽃잎으로 무량한 자량을 쌓을 수 없다. 그러므로 이 둘은 함께 가야 한다.

복덕자량은 종종 '오염된' 자량과 '청정한' 자량으로 분류된다. 오염된 자량은 여러분의 이원적 마음과 번뇌의 범주 내에서 집적하는 것이다. 청정한 자량은 공성에 대한 이해가 동반될 때 집적할 수 있다.

방생은 오염된 복덕자량을 쌓는 여러 방편 중 하나다. 우리는 살아 있는 물고기를 사서 강이나 바다로 돌려보내거나 추수감사절을 맞아 도살 전에 놓인 칠면조를 모두 사들여 도살로부터 생명체를 구하여 이를 수행한다. 이런 존재들의 생명을 구하는 것은 최상의 오염된 복덕자량을 쌓는 것이다.

방생은 아시아 전역에서 행해지고 있으며, 잠양 켄체 왕뽀의 「방

생의궤: 방생을 통한 장수와 번영」(이 책의 부록 참조)처럼 다양한 의식이 발전되어왔다. 하지만 반드시 의식을 치르거나 법본을 읽을 필요는 없다. 죽음을 앞둔 존재들의 생명을 구하고 그 복덕자량을 모든 존재의 깨달음을 위해 회향하는 것만으로도 충분하다.

짜짜 만들기

짜짜tsatsas는 점토로 만든 부처와 탑의 작은 형상이다. 주로 틀을 사용하여 만든다. 종종 오랜 탑 주변에 짜짜가 흩어져 있는 것을 볼 수 있다. 탑은 큰 규모의 짜짜이며 그 내부는 많은 수의 작은 짜짜들로 채워져 있다. 고대 인도와 티벳에서는 화장한 시체의 재로 짜짜를 만드는 수행을 적극적으로 장려했다. 딱돌과 마찬가지로 짜짜를 만드는 사람이 이 방편에 대한 신심이 있으면 매우 효과적이다. 다시 말하지만, 이 방편은 선택사항이지 의무사항은 아니다.

짜짜는 부처의 마음 또는 육계肉髻를 상징한다. 점토를 반죽하고, 틀에 밀어 넣고, 가마에 굽고, 그 위에 그림을 그리는 등 짜짜를 만드는 수행으로 복덕자량을 쌓을 수 있다. 짜짜를 만들기 위한 노력은 진정한 수행이 될 수 있다. 오늘날 이런 종류의 수행은 현대 수행자들의 할 일 목록 상위에 있지 않다. 수행자들이 짜짜를 만들 때 점토를 손으로 눌러 틀에 넣는 것보다 노동력을 절약하는 기술을 사용하는 경향이 있지만, 안 하는 것보다 낫다고 생각한다.

짜짜를 만드는 것이 좋은 수행인 이유 중 하나는 자랑거리가 되지 않는다는 점이다. 또 다른 이유는 짜짜가 자신의 편안함이나 즐거움, 이익을 위해 사용될 수 없다는 것이다. 짜짜를 만드는 것은 사원을 건립하는 것보다 영적 물질주의에 빠질 가능성이 훨씬 적다. 불행하게도 사원은 비와 강렬한 햇빛을 피할 수 있는 장소를 제공하는 것과 같은 실용적인 용도로 쓰일 때가 많다.

오늘날의 사원은 사원이라기보다 호텔이나 관광지에 더 가까운 곳도 있다. 아마도 영적 물질주의의 최고 형태일 것이다. 반면에 짜짜로 할 수 있는 것은 거의 없다. 이익을 창출할 수 없고, 그 안에 거주할 수 없고, 먹거나 자랑할 수도 없다. 짜짜 수행은 다른 사람들에게 질투심이나 경쟁의식을 일으키지 않는다. 물공양도 마찬가지다. 물을 공양 올릴 때에는 아무도 질투하지 않지만 금이나 은, 두둑한 지갑을 올리면 질투를 느낄지 모른다. 짜짜 만드는 방법은 부록에 소개하겠다.

현대인들은 다른 사람들이 올리는 공양에 찬탄하는 경우가 드물다. 많은 기부금을 내는 후원자들은 부자이기 때문에 가장 손쉽게 베푸는 방법을 택했다며 비난받거나 심지어 비웃음을 사기도 한다. 후원자들끼리 경쟁이 치열할 때도 있다. 그들은 언제나 자신의 후원이 남들보다 빛나길 원한다. 인간은 이렇게 옹졸하고 편협할 수 있는 존재다.

추모

대부분의 서구문화는 사자를 기리고 추모하는 자신만의 전통을 발전시켜왔다. 유럽의 많은 지역에서는 화려하게 조각된 묘비와 아름다운 묘지를 만들어 사자를 기리기 위해 방문한 가족과 친구들이 꽃을 바친다. 어떤 이들은 사랑했던 사자의 유골을 유골함에 넣어 집에 보관한다고 한다. 지구상에서 가장 유명한 묘지는 인도의 타지마할일 것이다. 무굴 황제가 자신의 첫 번째 부인인 사랑하는 뭄타즈 마할을 기리기 위해 지었다.

자신이 속한 문화에서의 추모 방식은 본인에게 달렸다. 만약 불교 전통을 원한다면, 사자의 이름으로 불보살상이나 탱화 제작을 의뢰하거나 부처님의 사진을 인화하여 액자에 넣을 수 있다. 본인이 원하는 것을 선택하면 된다. 불자들은 아미타불의 극락정토나 구루 린포체의 정토인 적동산赤銅山, 아촉불의 탱화를 의뢰하기를 선호한다. 불상이나 탱화를 의뢰하는 것은 두 가지 이점이 있다. 사자를 위한 멋진 추모가 될 수 있고 복덕자량을 쌓을 수 있다.

타지마할

사자의 소유물에 관하여

불자의 사망 후 3일 동안은 그들의 소지품에 손을 대지 말고 그대로 두는 것이 좋다. 가족들이 동의한다면 불법승 삼보와 자선단체, 환경 보호단체, 아동성매매와 아동노동 근절을 위해 일하는 단체 혹은 사자의 마음이 닿을 수 있는 곳이라면 어디라도 기부하라. 불자들은 전통적으로 불보살들과 거룩한 존재들, 그리고 인간과 동물 등의 중생들 두 복전福田에 공양(보시)을 올린다. 에게. 이상적으로 이 두 복전에 공양을 올리는 것이 좋다.

동부탄 일부 지역에서는 사자의 유품을 전달하기 전에 가족이나 친구들이 시신에게 이렇게 일러준다. "오늘 나는 너의 컵을 지역 사원에 기부할 거야." 또는 "너의 펜을 학교에 줄 거야." 이는 매우 좋은 생각이며 실행할 가치가 있다. 하지만 이제 부탄에서도 이 관습이 사라지고 있다.

특정한 이유로 시신이 없다면, 사자에게 여러분의 의도를 전하는 편지를 써서 사자의 책상이나 안락의자, 아니면 사자가 좋아하는 곳 어디든 하루 이틀 놔둔다.

업의 빚 갚기

분별하고 무지한 우리와 같은 존재는 업에 종속되어 있으므로 업의 빚을 갚아야 하는 빚쟁이, 채무자다. 삶과 죽음에서 우리에게 일어나는 모든 일, 즉 성공과 실패 심지어 죽음의 방식까지도 자신의 업의 빚의 결과로 일어난다. 인과는 우리의 모든 것을 좌우한다. 그래서 우리가 사랑하는 사자를 대신해서 할 수 있는 것 중 하나는 업의 빚을 청산하는 의식이다.

'업의 빚'이란 무엇인가? 서류상으로 집과 자동차, 옷장에 가득 찬 옷들과 고가의 장신구들은 자신의 것이다. 그러나 소유한 모든 것이 은행에서 대출받은 돈이라면 실질적으로 자신의 소유물들은 은행에 속한다. 업의 빚도 거의 같은 방식이라고 보면 된다. 우리의 모든 것, 즉 삶에서 처한 상황과 건강, 재산, 심지어 외모까지도 셀 수 없는 많은 생 동안 타인과의 상호작용에 기반을 둔다. 불교의 가르침은 우리가 절대적으로 모든 사람에게 업의 빚이 있다고 말한다. 일체중생은 한때 나의 아버지, 어머니, 자식, 하인, 운전사, 타고 다녔던 말이나 당나귀, 친한 친구나 원수였을 것이다.

어쩌면 유령이 먼저 앉은 자리에서 이 책을 읽을 수도 있다. 유령의 허락을 구하고 앉았는가? 새 집을 지을 때, 집을 잃을 많은 동물을 고려하는가? 그렇지 않을 것이다. 스승, 간호사, 의사, 지도자, 국가, 우리를 안전하게 지켜주며 물건을 훔치고 상해를 입히는 범죄자들을 정의의 심판대에 세우는 경찰에게도 갚을 수 없는 빚을 지고 있다. 어떤 이들은 고의로 세금을 내지 않고도 국가가 제공하는 보안의 혜택을 받아 안전하고 편안하게 산다. 만약 여러분이 이런 사람이라면, 세금을 내는 이들보다 더 국가사회 체계에 빚을 지고 있는 것이다. 질병과 가족 간의 불화, 실패를 경험하는 이유가 바로 업의 빚 때문이다. 우리가 무엇을 하고, 어떤 생각을 하고, 어떤 걸 소유하고, 어떻게 사는지에 대해 통제할 수 없는 것은 어마어마한 업의 빚의 무게 때문이다. 오늘 여러분은 건강하고 밝고 기운이 넘치지만 찰나의 순간 갑작스러운 사고로 건강과 밝음을 잃을 수도 있다.

업의 빚을 갚을 방법이 있을까? 그렇다. 일반적인 방법이 있는데 아주 효과적이다. 선업을 쌓는 것이다. 소액이라도 세계 생태보호 프로그램에 기부하는 것에서부터 어린 나이에 성매매를 하는 캄보디아 아이들에게 수학을 가르치는 것에 이르기까지 선업을 쌓을 수 있는 방법은 무궁무진하다. 불교의 가르침에 따르면 업의 빚을 갚는 가장 좋은 길은 불도를 닦는 것이다. 귀의하고 보살계를 수지하고 보리심을 닦도록 하자. 통렌 수행을 하는 것도 좋다. 들숨에 좋지 않은 모든 것을 들이쉬고 날숨에 좋은 모든 것을 남에게 보낸다. 어떤 수행을 택하든 수행을 마치면 수행의 공덕을 일체중생의 깨달음을 위해 회향한다.

되도록 실질적인 도움을 제공하라. 불탑과 불상을 조성하고, 불도를 닦는 수행자들을 후원하고, 가능한 많은 이가 불법을 접할 수 있는 기회를 만들어라. 모두 업의 빚 청산을 위한 강력한 방편들이다.

필요한 관정과 가르침을 받은 밀교 수행자들은 훈연공양 의식과 물공양 의식과 같은 금강승의 수승한 방편으로 업의 빚을 청산할 수 있다.

뒤좀 린포체께서 정리한 라춘 남카 직메의 「산에서의 훈연공향」(山淨煙供, Riwö Sangchö) 영어본은 다음 웹사이트에서 내려받을 수 있다. www.lotsawahouse.org/tibetan-masters/lhatsun-namkha-jigme/riwo-sangcho.

이 모든 선업을 쌓는 행위는 매우 중요하다.

13
사자들을 위한 수행에 대한 질문

Q 만약 죽어가는 이가 신심이 없고 가족들의 형편이 여의치 않아 법사나 선지식들에게 공양을 올리지 못할 경우, 가족들은 어떻게 죽어가는 이를 도울 수 있을까? 그 가족이 사자를 돕고 그를 위해 기도하기를 염원하는 것으로도 충분한지 궁금하다.

A 물론이다! 가족들이 해야 할 일은 사자의 이름을 수승한 수행자의 귀에 확실히 전달하는 것이다. 반드시 거액을 바치거나 수표를 쓰거나 촛불을 켜거나 향을 살라야 하는 것은 아니다. 수수료는 필요 없다. 모든 자비행에 요금을 부과하는 것은 근본적으로 잘못이다. 그런 것은 목적 전체를 무효화한다.

동시에 삼보에 공양을 올려 자량을 쌓도록 하라. 공양을 올리는 것은 여러분이 사랑하는 이를 대신해 자량을 쌓고 선행을 한다는 확신이 생기는 데 도움이 된다. 그러니 가능하다면 마음을 다해 공양을 올리도록 하라. 규모가 클 필요는 전혀 없다는 점을 명심하기 바란다. 사자의 이름으로 꽃 한 송이나 동전 한 닢, 조약돌을 올리는 것으로 충분하다. 또는 걸인에게 저녁을 제공하는 것도 아주 좋은 방법이다.

Q 중국에서는 전통적으로 지전紙錢*과 음식, 의복 등을 사자를 위해 준비한다. 이런 것이 도움이 될까?

A 물론이다. 하지만 어떤 전통을 따르든 제대로 하는 것이 중요하다. 공양은 적절한 의식과 함께할 때 더욱 효과가 커진다. 어떻게 해야 '제대로' 의식을 치를 수 있을까? 바로 '마음의 동기'다. 마음의 동기가 핵심이다. 사자를 위해 의식을 치르는 적절한 동기는 사자가 고통에서 해방되길 바라는 간절한 마음이다. 이런 동기가 없으면 100만 달러의 지전을 태운다 해도 도움이 되지 않을 것이다.

중국은 수백 년 동안 지전을 태워왔고, 이제는 삶에서 큰 부분을 차지하는 관습이 되어버렸다. 오늘날 이 관습을 적용해 훈연공양의 일부분으로 만들 수 있다.

티벳인들은 전통적으로 지전 대신 짬빠(보릿가루)를 태운다. 하지만 동기가 청정하고 공양물이 잘 전해졌다고 믿는 한 무엇을 태우든 크게 상관이 없다. 훈연공양을 하는 동기가 청정하다면 사자는 영양을 충분히 공급받고 잘 지탱될 것이다.

---

* 사자가 저승에서 쓸 수 있다는 가짜 종이지폐. 금지(金紙) 또는 향지(香紙)라고도 한다 - 옮긴이.

우리 인간은 습관의 존재들이다. 돈을 받거나 저녁식사에 초대받으면 기분이 좋다. 마찬가지로 사자들도 훈연공양을 받으면 기뻐한다. 습관은 살아 있거나 죽었거나 똑같이 매우 강하다. 예를 들어 삼륜三輪, 즉 '주는 사람과 받는 사람, 돈(혹은 공양물)'이 모두 환幻일지라도, 여전히 행복을 느낀다. 그러니 사자에게 주는 것이 무엇이든, 그것을 받았는지 못 받았는지에 대해 염려하지 말고 추측도 하지 않길 바란다. 공양물이 잘 전달되었다고 확신하라.

사자가 고통에서 해방되길 바라는 마음으로 특정한 관상을 포함하는 훈연공양의 틀 안에서 지전을 태우면 이익이 증가될 수 있다.

훈연공양을 할 때 절대 해서는 안 되는 것은 사자의 유령이 집을 맴돌며 여러분과 가족들을 괴롭히는 것을 원하지 않는 것이다. 훈연공양의 목적은 바르도체를 쫓는 것이 아니다.

Q 포와를 수행하는 것이 중요한가?

A 매우 중요하다. 포와의 기둥과 척추는 신심이라는 것을 늘 기억해야 한다. 이상적인 것은 죽어가는 사람이나 사자가 포와라는 이 방편에 굳은 믿음과 신심이 있어야 한다. 최소한 이 수행에 익숙해야 한다.

포와에 대한 신뢰가 부족한 사람들에게 이를 행하는 사람의 마음의 동기가 보리심에 바탕을 둔 것이라면 분명 도움이 된다. 엄청난 자량이 있는 사람이라면 임종 시 포와를 해줄 선지식을 알게 될 것이다. 가장 좋은 것은 여러분이 살아 있을 때 포와를 익히고 닦는 것이다. 그러면 임종 시 스스로 포와를 할 수 있다.

'포와'가 사후에 도움이 되는 유일한 수행은 아니다. 이 책에 나오는 모든 수행법은 엄청난 도움이 된다. 죽어가는 이에게 그저 부처님의 사진을 보여주거나 불호를 염송하는 것도 큰 도움이 된다. 이미 임종한 이에게도 도움이 된다.

또한 죽어가는 이에게 성모 마리아와 같은, 자신이 속한 문화의 이미지를 보여주는 것도 아주 좋다.

Q 죽은 동반자를 돕고 싶은데, 권장되는 수행 중 어떤 것이 필수적이고 진정으로 유익한지, 어떤 것이 관습적이고 미신에 기반을 둔 것인지 판단하기 어렵다.

A 거의 모든 의식은 그 나라 문화의 영향을 받았고 미신과 뒤섞여 있기 때문에 답변하기 어려운 질문이다. 예를 들어 유럽과 미국에서는 합장하는 인사가 거의 없지만 인도에서는 흔한 일이다. 합장의 기원과 목적에 대한 가르침이 풍부하고 철학적 해석이 정교하더라도 합장은 인도문화 현상으로 분류된다.

다시 한번 강조하지만 동기가 가장 중요하다. 불자들은 일시적인 위로나 현실적인 도움을 주는 것에 결코 만족하지 않는다. 불자들에게 '도움'이란 일체중생의 깨달음을 돕는 것이다. 보리심이 마음의 동기가 되어 죽어가는 이의 깨달음을 위해 돕겠다고 발원하면, 무엇을 하는가는 그다지 중요하지 않다.

불자들에게 가장 중요한 것은 불도를 공부하고 닦는 것이다. 어떤 이유가 있어 이것이 가능하지 않다면 삼보에 공양을 올리거나, 불법을 전하는 단체나 자선단체에 가서 봉사활동을 하거나, 수행자들의 공부와 수행을 후원하거나, 기도 깃발이나 부처님의 사진을 인쇄하라. 다시 한번 말하지만 수많은 선택지가 있다.

14
죽음의 여러 측면에 대한 질문

애도와 상실

Q 가장 사랑하는 사람이 방금 세상을 떠났다. 그를 위해 할 수 있는 최선은 무엇인가?

A 우리는 언제나 사랑하는 사람을 위해 최선을 다하기를 바란다. 그들이 원하는 건 다 주고 싶고 그들의 이익을 위해 자신이 소중히 여기는 모든 것을 기꺼이 희생한다. 그런데 '최선'이란 무엇일까? 임종을 앞둔 아버님께 순금 침대를 사드리면 죽음을 막을 수 있을까? 조각된 터키석 변기나 파리에서 홍콩으로 가는 시베리아횡단열차의 티켓을 사드리거나 백악관에서의 하룻밤 숙박권으로 죽음을 피할 수 있을까? 어쩌면 아버님이나 여러분은 이 특별한 이벤트 중 어느 하나에 감격할지 모르지만, 그 어느 것도 영구적인 가치가 없다. 그러니 일체중생과 환경을 위한 단체에

후원하는 등의 행동을 사랑하는 사람의 이름으로 하는 것이 어떨까.

궁극적으로 그들을 위해 할 수 있는 '최선'의 일은 불법을 알려주고 이를 이해하도록 돕는 것이다. 그다음으로 최선은 스스로 불법을 닦고 사랑하는 사람과 모든 고통받는 존재의 안녕을 위해 회향하는 것이다.

잊지 말자. 수조 번의 삶을 통해 일체중생을 수없이 사랑했다는 것을. 현재의 사랑은 지금 우연히 만난 사람이지만, 믿거나 말거나, 여러분이 그 또는 그녀를, 사랑하는 모든 이를 잊어버리게 될 날이 머지않을 것이다. 살아 있는 동안은 아니더라도 바르도에 들어가면 그렇게 될 것이다. 다음 생에 환생할 때쯤이면 모두를 잊을 것이다.

Q 상실이 너무 커서 그 슬픔에서 빠져나올 수 없는 이를 어떻게 도울 수 있을까?

A 그들 상태의 심각성에 따라 다를 것 같다. 그 슬픔이 그들을 아프게 만든다면, 전문가의 도움을 받아야 할지도 모른다. 그들이 안정되면 그때 무상無常의 도리에 대해 말해주거나 귀의, 그리고 그 어느 때보다 요익중생을 위해 일해야 한다고 말하라. 심지어 그들이 원대한 일을 하겠다는 약속을 받아낼 수도 있다.

Q 아이들에게 죽음에 대해 어떻게 말해야 할까? 어머니의 죽음에 대해 알려주려면 어떻게 해야 좋을까?

A 불자들이 아이들에게 죽음에 대해 주는 조언은 어른들에게 주는 것과 거의 같다. 사회에서 문화적으로 용납되는 선 안에서 아이들에게 죽음에 대해 정직하게 말해주는 것이 좋다. 어린아이들도 어른들이 힘들어하는 어려운 진실을 받아들일 수 있다. 하지만 언제나 아이들의 개성을 고려해서 어떤 일이 일어날지 친절하고 간단하게 말해주는 것이 좋다.

특히 어린이의 경우 장기적으로 생각해야 한다. 아이에게 진실을 말하지 않으면 어머니가 임종했을 때 자신을 버렸다고 생각할지도 모른다. 물론 크면 어머니가 자신을 버린 것이 아니라는 것을 알게 되겠지만, 어린 마음에 강렬한 감정이 새겨져 어른이 되어서도 떨쳐내기 힘들 수 있다. 그러니 어머니의 죽음은 선택의 여지가 없었다는 것을 분명히 해주는 것이 바람직하다.

Q 어린 아들이 약물 과다복용으로 사망했다. 이는 불선업으로 간주될 것 같다. 하지만 내가 받은 이 충격과 상심이 신심과 수행, 통찰을 깊게 해준다면 불선업이 긍정적으로 변할 수 있지 않을까? 내 수행의 공덕을 아들을 위해 회향한다면, 그의 불선업이 소멸될 수 있을까? 최소한 그의 업을 정화하는 방법이 될 수 있을까?

A 선업과 불선업은 전적으로 주관적이다. 티벳에는 임신한 말의 배를 가른 순간 인생이 바뀐 산적의 이야기가 전해 내려오고 있다. 배를 가른 순간 아직 태어나지 못한 망아지가 어미의 몸에서 미끄러져 떨어졌다. 어미는 죽음의 끔찍한 고통을 겪으면서도

망아지를 핥으며 안심시켰다. 산적은 죽어가는 어미의 자식 사랑을 보고 감동했고 자신의 살생을 깊이 뉘우쳤다. 그러고는 그 자리에서 칼을 부러뜨리고 폭행을 일체 근절하고 불법을 닦아 이내 깨달음을 성취했다.

그렇다. 수행으로 아들의 불선업이 소멸될 것이다. 사실 이 길밖에 없다. 아들의 죽음을 이런 견해로 보고 수행으로 삼기로 한 것을 찬탄한다.

Q 부모를 잃은 아이에게 어떤 도움을 주어야 할까?

A 상황에 따라 다르다. 부모를 잃은 많은 아이들이 있다. 불교의 견해에서 보자면, 부모와 아이들은 강한 업으로 이어져 있다. 아이에게 무조건적인 사랑과 보살핌을 주며 지도해주는 것이 좋다. 가장 중요한 것은 당신이 주는 모든 것이 보리심의 선한 동기여야 한다.

부모를 잃은 아이들을 돌볼 때 끊임없이 불보살님들께 도움을 청하고, 당신이 제공하는 모든 것이 아이들의 삶에 긍정적인 영향을 끼치기를 바라는 기도를 하라. 그렇게 하지 않는다면 쉽지만은 않을 것이다. 시간과 여유가 있다면 그들의 좋은 친구가 되도록 노력하라. 아이들의 멘토나 조언자, 후원자와 같은 공식적인 역할을 맡는 것도 중요하지만, 아이들의 진정한 친구이자 동반자, 언제나 의지할 수 있는 사람이 되는 것이 더 중요하다. 가능한 한 많은 시간을 아이들과 보내는 데 할애길 바란다.

Q 아이가 어떻게 하면 불자가 될 수 있을까? 내 아이가 일체중생에게 이익을 줄 수 있는 사람으로 환생하면 좋겠다. 내가 할 수 있는 것이 있을까?

A 아상가[無着]와 그의 이복형제인 바수반두[世親]의 예가 있다. 이 두 분은 4~5세기 인도의 선지식이다. 어머니인 프라산나실라의 청정한 발원의 결과로 이 두 아들이 탄생했다고 전해진다.

프라산나실라는 브라만 계급 태생이지만 불교의 쇠락과 자격 있는 법사의 부족을 가슴 아파했다. 그녀는 이 상황에 대처하기 위해 아들을 낳기로 결심했다. 청정하고 강한 발원 기도를 한 후에 두 번 출산했다. 한 번은 바스반두의 부친인 브라만 계급의 남성, 다른 한 번은 아상가의 부친인 왕자다. 아이들이 크자 자신의 부친에 대해 물었다. 프라산나실라는 이렇게 답했다. "너희는 부친의 발자취를 따르기 위해 태어난 것이 아니다! 너희는 부처님의 가르침대로 마음을 닦고 그 법을 널리 펼치기 위해 태어났다." 그래서 이들은 어머니가 강하게 발원한 대로 되었다.

프라산나실라의 예를 따르는 건 어떨까? 아이들이 타인을 도울 능력을 갖기를 바라는 발원을 담아 진심으로 기도해보자. 심지어 다른 사람들을 도울 능력과 소망을 가진 남자들을 유혹하고 데이트하기를 열망할 수도 있다. 관계를 맺는 동안 마음의 동기는 진정 도움이 되는 사람이 태어나길 바라는 마음이라는 것을 잊지 말자.

요익중생을 위해 그 사람이 반드시 린포체나 지도법사, 승려가 될 필요는 없다. 여러분의 아이는 에볼라 바이러스나 댕기열 치료제를 개발하는 과학자가 되어 중생들을 위해 일할 수도 있고, 나라의 문제를 해결하는 재능을 가진 자비로운 대통령이 될 수 도 있으며, 탐욕과 이기심, 잔인함에 대처하는 방법을 가르치는 과목이 있는 대학에 기부하는 부유한 사업가가 되어 많은 존재 를 효과적으로 이롭게 할 수 있다.

낙태

Q 낙태에 대한 불교의 견해가 궁금하다. 낙태를 경험한 여성과 낙 태된 존재들을 어떻게 도울 수 있을까?

A 생명체를 낙태하는 것은 살생이다. 아기가 낙태되는 것이 어떨 지 상상해보라. 바르도체들은 새로운 몸을 갖고 물질세계에서 살길 간절히 갈망한다. 새 몸을 갖고자 오랜 기간 분투했는데, 어머니가 소중한 새 몸을 의식적으로 쫓아내버린다면 어떨 것 같나? 형언할 수 없는 고통스러운 경험일 것이다.

낙태를 했거나 권장했던 이들은 이제 그들이 한 행동에 죄책감 을 느끼고 후회할 것이다. 무지한 우리는 수없이 많은 생애 동안 수백만 가지의 끔찍한 행동을 저지른 책임이 있다는 것을 항상 기억해야 한다. 단 한 가지의 불선행으로 낙담하거나, 그것이 너 무 무거운 나머지 우울해지거나 망연자실하지 않기를 바란다. 우리 모두는 반드시 모든 잘못을 기억하고 참회해야 한다.

이제 이를 만회할 기회가 있다. 놓치지 않길 바란다. 낙태한 아 기와 과거에 학대하고 살생하고 강탈하고 강간한 모든 존재의 깨달음을 위해 모든 선행의 공덕을 회향하라.

불교 수행을 통해서 낙태한 여성과 낙태된 생명체를 도울 수 있다. 귀의와 발보리심으로 시작하라.

지장보살은 한국, 일본, 중국에서 매우 인기가 높다. 이 위대한 보살은 지옥이 텅 빌 때까지 성불하지 않겠다고 서원한 것으로 알려져 있다. 지장보살의 화현化現 중 하나는 죽은 아기와 태아의 수호본존이자 보호주다.

교토 오하라 염불사의 지장보살상

지장보살

한국 지장보살 만트라

　　나무 지장보살

산스크리트 지장보살 만트라

　　옴 하하하 비스마예 스와하

일본 지장보살 만트라

　　옴 카카 카비 산마에 소와카

중국 지장보살 만트라

나모 지장왕 푸사

원한다면 지장보살께 향을 사르고 등불과 절을 올리며 지장보살 만트라를 하라. 이 수행의 공덕을 모든 낙태된 아기들과 그 부모들에게 회향할 수 있다.

만약 적절한 관정을 받았다면 관세음보살, 아촉불, 지장보살 성취법sadhana을 독송할 수 있다. 만약 관정을 받지 않았다면 지장경을 독송하면 된다.

| 영어와 중국어 「지장경地藏經」을 ksitigarbhasutra.com.에서 찾을 수 있다.　　　　　|

자살

Q 의사조력사는 이제 많은 서구 국가에서 합법화되었다. 최선의 치료를 받았음에도 만성질환에 시달리는 몇몇 불자는 이 선택권이 자신에게 열려 있길 바란다고 말한다. 불교 호스피스는 조력사를 원하는 사람에게 어떻게 대응해야 하나? 그리고 어떻게 이 민감한 주제에 대한 공개 토론에 잘 참여할 수 있을까?

A 생처生處 중음에서 얻을 수 있는 수행의 기회는 살아 있는 것을 매우 귀중하게 만든다. 살아 있을 때 알아차리고 의식하고 집중하고 대비大悲와 자량을 쌓는 수행을 할 수 있다. 하지만 고통 없는 죽음을 위해 도움을 구하는 것은 매우 위험한 일이다.

머리카락에 불이 붙으면 즉시 끄는 것과 마찬가지로 불자들은 자신이 나쁜 습習을 들이려 할 때 이를 알아차리고 즉시 끊어내야 한다. 습 자체가 위험하기 때문에 불자들은 궁극적으로 좋고 나쁜 모든 습을 들이지 않는 것이 좋다. 특히 악습惡習은 자신과 타인에게 아픔과 괴로움의 근원이 된다.

자살은 빨리 습득할 수 있고 고치기 어려운 습이다. 마치 알코올 중독자가 술을 거부할 수 없는 것과 같다. 습은 미래의 환생을 결정하는 데 큰 역할을 한다. 힘든 일이 생겼을 때 생을 마감하는 습관을 들이면 다음 생에서 점점 더 빨리 자살에 의지하게 될 것이다. 업과 윤회에 대한 가르침을 공부한 불자들은 이 내용을 알아야 한다.

물론 불자가 아니거나 환생에 대한 믿음이 없다면 이 토론은 의미가 없을 것이다. 죽음이 모든 것의 끝이라고 생각한다면 아무런 성과가 없을 것이다.

밀교 수행자들은 고의적으로 삶을 마친다는 것을 생각조차 할 수 없다. 밀교는 오온五蘊을 오불五佛의 만다라로 보기 때문에 고의적으로 만다라를 파괴하는 것은 정면으로 밀교 가르침에 위배된다.

불자로서 끊임없는 고통에 시달리고 회복이나 안도의 희망이 없더라도 자신의 상황에서 할 수 있는 모든 것을 하는 것이 중요하다. 예를 들어 여러분은 통렌을 함으로써 모든 존재를 위해 수행할 수 있다. 스스로 생각해보자.

내가 이 끔찍한 고통을 겪는 것으로,

일체중생의 고통의 인因이 되는

업業이 마르기를!

수승한 수행자들은 극심한 고통이 자각을 더욱 생생하게 만든다는 것을 발견한다. 위대한 선지식들은 고통이 모든 업을 쓸어버리는 빗자루와 같다고 했다.

고통 또한 가치가 있다.

고통을 통한 염리심厭離心으로 교만한 마음을 없애는 것이다.

윤회에 헤매는 자에게 자비심을 일으키고

악을 삼가며, 선을 좋아하게 하는 것이다.[1] (입보리행론 6-21)

Q 안락사, 조력자살, 조력사의 차이점은 무엇인가?

A 불교의 관점에서 볼 때 이 모든 것은 같은 범주에 속한다. 고통과 괴로움을 마치고 싶은 동기를 이해하지만, 생을 고의로 마무리하는 것은 불자들에게 선택사항이 아니다.

불교 호스피스와 요양원이 할 수 있는 일은, 임종이 다가온 사람들에게 남은 생명력을 일체중생에게 회향하는 방법을 가르치는 것이다. 이는 사람들이 약물 과다복용으로 삶을 마감하는 것보다 훨씬 나은 장기적인 해결책이다.

참을 수 없는 고통을 겪고 있는 사람들을 위한 조언

Q 불치병이나 만성통증으로 고통받고 있는데, 의사들이 몇 달, 심

지어 몇 년을 살 수 있다고 말한다면 어떻게 해야 좋을까?

A 최대한 자량을 쌓으려 노력하라. 겪고 있는 괴로움과 죽음의 고통이 오래가지 않길 바라는 기도를 하라. 가능한 한 빨리 죽기를 기도할 수 있고, 심지어 보살들이 일체중생을 도울 수 있는 시간을 더 많이 가질 수 있도록 위대한 보살들께 이 생에 남은 몇 달이나 몇 년을 바칠 수도 있다. 무량한 중생들을 돕고 깨우칠 수 있도록 더 나은 환생으로 속히 다시 태어나고자 하는 강한 염원을 하라.

불보살님들이시여, 지금 당장 생을 마무리할 수 있게 하소서!
이 삶에서 남은 시간이
일체중생을 진정으로 도울 수 있는
위대한 보살들의 삶에 더해지길 기원합니다.

이 기도를 환희심으로 온 마음을 다하여 그리고 올바른 동기로 하라. 이렇게 기도함으로써 남은 시간 동안 계속해서 자량을 쌓게 된다.
새로운 기운으로, 새롭게 시작하고픈 열망을 동기로, 남을 진정으로 도울 수 있는 사람으로 환생하겠다는 강한 결의를 불러일으켜라. 현재 남아 있는 생명력이 다음 생으로 이어지길 기도하라.

불보살님들이시여, 지금 당장 생을 마무리할 수 있게 하소서!
이 삶에서 남은 시간을

일체중생을 진정으로 도울 수 있는

다음 생의 수명에 더해주소서.

일체중생을 도울 수 있는

이타심과 연민,

힘과 결단과 능력을 갖추고

제가 속히 환생하길 바라옵니다.

일체중생을 깨달음의 궁극의 행복으로 이끌기 위해

계속 애쓸 수 있기를 염원합니다.

만약 적절한 관정을 받았다면, 무량수불의 장수 의식을 해도 좋고, 다른 사람이 여러분을 위해 이를 할 수 있도록 후원하는 방법도 있다.

Q 이를테면 냉동 보존을 통해 영원히 살려는 현대의 시도에 대한 불교의 견해는 어떤가?

A 이 방법이 개인 마음의 연속성을 유지하고 다른 사람에게 고통을 주지 않는다면 수용할 수 있다.

영생을 향한 갈망은 새로운 것이 아니지만, 영생을 시도하려는 그 누구도 부처님의 '마음'에 대한 가르침을 평가절하할 수는 없다. 부처님께서는 마음은 무한하고 경계가 없다고 하셨다. 불교의 관점에서 보자면 이렇다. 기절하거나 혼수상태에 빠졌다고 가정해보자. 혼수상태에 빠졌다면, 1초 동안 혼수상태에 빠진 것이나 천 년 동안 혼수상태에 빠진 것이나 차이가 없다.

Q 머리를 제거하여 냉동하는 것이 정말로 마음을 보존할 수 있는지는 아무도 모른다. 그럼에도 놀랍도록 많은 사람이 미래에 새로운 몸을 받기 위해 도박을 하고 있다. 이 시도를 하려면 목숨을 끊어야 하는데, 이는 자살인가?

A 이 과정에서 목숨을 잃는다면 자살로 봐야 한다. 만약 몸에서 분리된 머리가 여전히 살아 있고 냉동 상태에서도 살아 있다면, 그렇지 않다. 하지만 머리가 살아 있는지의 여부가 확실치 않다면, 이 질문에 대한 답변을 할 수 없을 것 같다.

불교 가르침에 따르자면 죽음은 몸과 마음이 분리되는 것이다. 그러나 나는 몸이 없이도 살아 있을 수 있다는 것을 받아들일 준비가 되어 있다. 그 어떤 불교의 경전이나 논서에도 몸이 온전해야만 살아 있다는 것을 암시하는 내용은 없다. 만약 과학이 머리카락 한 가닥만으로도 생명력과 의식을 유지할 수 있다는 것을 증명할 수 있다면, 이는 살아 있는 존재라는 데에 동의해야 할 것이다.

불교의 관점에서 보자면, 불멸을 이루려는 시도는 결국 자신의 지옥을 만드는 결과를 초래할 수 있다. 진정 영원히 살고 싶은가? 지루하지 않겠는가? 삶을 연장하는 것이 진정 가치 있는 일인가? 불자들에게 삶은 오직 진리를 이해하기 위해 닦을 탈것[乘]을 제공하기에 가치 있는 것으로 여겨진다. 수십억 년 동안 살면서 끊임없이 진리로부터 멀어져가는 곳이 불자들이 말하는 천상계다.

Q 이미 죽었지만 아직 주변에 있는 유령이나 영혼을 도울 수 있을까?

A 그렇다. 훈연공양을 올리거나 이를 치를 수 있는 분에게 부탁하라. 훈연공양은 유령이나 영혼을 무척 흡족하게 한다. (10장 참조)

Q 몸에서 의식이 분리되면, 더 이상 감각은 대상을 통해 경험하는 것을 걸러내지 못한다. 그러나 바르도 가르침은 찬란한 빛(시각적 현상)과 우레와 같은 소리(청각적 현상)를 경험할 것이라고 말한다.

바르도체는 여전히 이런 식으로 대상을 인식하는 습관이 있고, 대상에 의생신을 투사하기 때문에 자신이 이러한 시각적·청각적 경험을 한다고 믿는가?

아니면, 육체가 있는 동안에는 상상이 불가능한 경험인데 소통을 위해 공감할 수 있는 언어로 기술된 것인가?

A 둘 다 맞다.

15
밀교 수행자들을 위한 죽음의 준비

상근기 수행자들을 위해: 스승과 견해, 본존을 기억하라

여러분이 금강승을 따르고 있다면 죽음을 준비할 때 생각하고 기억
해야 할 세 가지 중요한 사항이 있다.

- 마음의 본성을 안내해준 스승
- 마음이 머물러야 할 공성에 대한 견해
- 기준점을 제시하고 명공불이明空不二를 일깨워주는, 삶에서 수행
  을 통해 익숙해진 본존

이 셋 중 스승은 이미 만났고 모습과 음성을 알고 있으므로 떠올리
기에 가장 쉬울 것이다.

밀교 수행자로서 금강승의 관상과 사다나sadhana(성취법成就法) 수

행으로 스승과 본존의 형상과 불호, 불사, 화현에 익숙해질 수 있다. 사다나 수행은 단지 법본을 읽는 것에 국한되지 않는다. 본존과 스승의 물리적 특징을 생각해야 하며 진언을 염송해야 한다. 본존과 스승의 이미지를 마음에 간직하고 그분들의 공덕과 색상, 불사를 떠올리는 것은 죽음이 닥쳤을 때 할 수 있는 최상의 것이다. 예를 들면 무지갯빛 방사와 섭수.

본존 수행 시, 본인이 본존이라는 절대적 확신을 갖는 것이 중요하다. 이를 금강승에서는 '불만佛慢'이라고 부른다. 중요한 것은 스승으로부터 관정을 받고 스승의 마음과 자신의 마음을 계속해서 계합契合하는 것이다.

이것이 바로 수승한 밀교 수행자들의 수행이다. 이런 수행자들을 경궤에서는 상근기라 묘사한다.

만약 살면서 포와를 닦았다면 죽음의 과정이 시작될 때 자신을 위해서 반드시 포와를 해야 한다. 훌륭한 법사, 남녀 수행자, 승려를 안다면 자신을 위해서 포와를 해달라고 청하라. 이분들이 자신의 침상에 있지 않더라도 걱정할 필요가 없다. 포와는 멀리 떨어져 있더라도 할 수 있다.

포와 수행은 상근기 수행자들을 위한 것임을 강조한다. 가행加行, ngöndro을 마쳤거나 수십 년간 교학을 공부했다고 해서 뛰어난 수행자라고 말할 수 없다. 많이 배웠거나 똑똑한 것과 관계가 없다. '상근기'란 변함없는 신심이 있는 수행자를 의미한다. 신심과 온전한 믿음이 없는 포와는 효과가 없다. 하지만 오늘날 신심 있는 수행자들은 무척 드물다.

중근기 수행자들을 위해: 스승을 기억하라

경험이 부족한 중근기 수행자는 임종 시 견해 또는 본존의 형상과 공덕, 심지어 본존의 불호를 기억할 가능성이 희박하다. 그러므로 모든 길 중에서 가장 신뢰할 수 있는 길인 스승에게 기도하는 것에 의지하라. 이 경우 '스승'이란 살면서 만나고 대화하고 교류한 스승을 말한다. 임종 시 스승에게 기도하고 사관정四灌頂*을 받고 스승의 마음과 계합하라.

밀교 수행자의 죽음 과정을 돕는 방법

죽어가는 밀교 수행자와 친밀한 금강법우들은 수행의 핵심 내용을 상기시켜줌으로써 도움을 줄 수 있다.

> 인생은 환상이며 꿈이라는 것을 기억하십시오.
>
> 삼보를 깊이 믿고 의지하고 발보리심하십시오.
>
> 본존의 형상과 불사, 진언의 소리를 기억하십시오.
>
> 중관, 대수인, 대원만 중 가장 친숙한 견해에 머무십시오.

---

* 보병관정(bum dbang), 비밀관정(gsang dbang), 지혜관정(shes rab ye she kyi dbang), 언어(言語)관정(tshig dbang)을 말한다 – 옮긴이.
와일리 표기에 대하여: bum dbang 과 같은 표기는 티벳 문자를 로마자로 표기하는 방법으로 미국의 터렐 와일리(Turrell Wylie)에 의해 만들어졌다.
티벳어의 경우 고대에 확립된 표기법을 아직도 사용하고 있기 때문에 문자 표기와 구어 발음의 차이가 심한데, 와일리 표기법은 구어 발음을 재구하는 것을 포기하는 대신 티벳 문자와 로마자를 1 대 1로 대응시킨 것이 특징으로, 티벳 문자로의 전환이 쉽기 때문에 특히 학술적인 목적으로 많이 쓰인다. 다만 사전지식이 없는 사람이 읽기 어렵다는 단점이 있다 – 나무위키.

명공불이의 견해를 기억하십시오.

스승을 떠올리고 스승에 대한 강한 신심을 기억하십시오.

죽어가는 밀교 수행자들에게 가장 중요한 수행의 대상은 스승을 떠올리고 생각하는 것이다. 스승의 불호를 크고 명확하게 염송하라. 때로 불호를 노래로 부르거나 큰 소리로 외치는 것도 좋다.

죽어가는 밀교 수행자에게 은멸차제隱滅次第를 상기시켜라(10장 참조). 만약 시간이 얼마 남지 않았다면 아래의 내용이 더 적절할 수 있다.

흙원소가 은멸할 때

아지랑이의 은밀한 징후가 일어납니다.

심장에 스승을 관상하며 신심을 일으키십시오.

물원소가 은멸할 때

안개나 연기의 은밀한 징후가 일어납니다.

배꼽에 스승을 관상하며 그분께 기도하십시오.

불원소가 은멸할 때

반딧불처럼 반짝이는 빛의 은밀한 징후가 일어납니다.

이마에 스승을 관상하십시오.

바람원소가 은멸할 때

눈부시게 찬란한 빛이 가까이에 보이면,

자신의 마음을 스승의 마음에 계속해서 계합하십시오.

죽어가는 밀교 수행자에게 비밀한 징후와 그들이 보는 모든 것은 자신의 마음의 현현임을 상기시켜준다. 이 마음은 또한 자신의 지혜 마음, 릭빠rigpa,* 정광명淨光明, 법계法界, 법성, 법신 또는 불성 등으로 알려져 있다. 이 용어들은 본인이 따르는 법맥과 전통에 따라 달라질 것이다.

죽는 과정과 죽음의 순간에는 모든 이가 무서울 것이다. 육체적 고통과 죽음이 수반하는 모든 고통을 겪게 될 것이다. 그러나 수행자로서 우리는 일어나는 모든 것을 이용해야 한다. 그러므로 희망과 두려움에 사로잡히지 않고, 느껴지는 고통을 그저 바라보고 관망하려고 노력해야 한다. 여러분에게 일어나는 모든 일에 얽히지 말고 지켜보라.

이것이 밀교 수행자들이 서로를 위해 할 수 있는 일이다.

---

* 산스크리트어로 vidyā에 해당되는 티벳어이며, 일반적으로 자각, 명(明), 앎, 인식하고 있는 의식, 순수자각, 순수인식, 청정자각, 청정본심을 뜻한다. 불교 가르침의 정점인 족첸에서 릭빠는 '마음의 근본 품성'이라는 더 깊은 함축적인 뜻을 가지고 있다. 영어로 pure awareness, 한자권에선 주로 본각(本覺)이라 번역된다.
딜고 켄체 린포체의 전기문인 Brilliant moon 314쪽에 무지와 이원론적 고착이 없는 의식, 대원만(족첸)의 견해를 나타낸다고 쓰여 있다 - 옮긴이.

내가 죽으면

선술집 술통 밑에 묻어줘

운이 좋으면

술통이 샐지도 모르니.[1]

_ 모리야 센얀

기도문과 수행

통렌 수행법

빼마 최된Pema Chödrön

통렌은 '받고 주는' 수행으로 알려져 있으며, 고통은 피하고 즐거움을 좇는 일반적인 논리를 뒤집는다. 통렌 수행에서 들숨에 타인의 고통을 받아들이고 날숨에 무엇이든 도움이 되는 것을 보내주는 관상을 한다. 이 과정을 통해 오래된 이기주의의 습쩝에서 자유로워질 수 있고, 자신과 타인들을 돌보기 시작한다.

통렌은 연민을 일깨우고 실상에 대한 견해의 깊이를 더해주며 공성의 광대무량을 알려준다. 이 수행을 함으로써 우리 존재의 열린 차원과의 연결이 시작된다.

통렌은 병자나 죽어가는 사람, 죽은 사람이나 고통을 겪는 이들을 위해 할 수 있다. 형식을 갖춘 수행으로 해도 좋지만, 형식에 구애받지 않고 언제 어디서나 할 수 있다. 길을 걷다 아픈 사람을 보면 들숨에 그 사람의 고통을 받아들이고 날숨에 위로를 보낼 수 있다.

보통 우리는 고통받는 누군가를 볼 때 모른 척한다. 그들의 고통에 두려움이나 분노를 느끼기도 하고, 저항감이나 혼란이 생기기도 한다. 그래서 자비심이 충만하기를 원하지만 두려움이 앞선다. 용감하고 싶지만 겁이 많은 우리와 같은 모든 이를 위한 수행이 통렌이다. 자책하기보다는 개인적인 집착을 전 세계 사람들이 무엇에 맞서고 있는지를 이해할 수 있는 디딤돌로 사용할 수 있다. 우리 모두를 위해 숨을 들이쉬고 우리 모두를 위해 숨을 내쉰다. 독으로 보이는 것을 약으로 쓰는 것이다. 개인적인 고통이 일체중생을 위한 연민의 길이 될 수 있다.

형식을 갖춘 통렌 수행은 보통 네 단계로 이루어진다.

1. 진제 보리심을 얼핏 보는 단계

고요하고 열린 마음 상태에서 1~2초 정도 마음을 쉰다. 이 단계는 전통적으로 진제 보리심을 얼핏 보는 단계, 깨어난 마음 혹은 명징함과 공[明空]을 향해 마음을 여는 단계라 불린다.

2. 관상

질감을 이용한다. 들숨에 열, 어두움, 무거움(폐소공포증)을 들이마시고 날숨에 시원함, 밝음, 빛(신선함)을 내보낸다. 몸의 모든 모공을 열어 부정적인 에너지를 흡수하면서 완전히 숨을 들이쉰다. 숨을 내쉴 때 몸의 모든 모공을 열어 긍정적인 에너지를 완전히 발산한다. 관상(시각화)과 더불어 들숨과 날숨에 마음이 온전히 집중할 때까지 계속하라.

3. 개인적인 상황에 집중

자신이 실제로 직면한 힘든 상황에 마음을 집중하라. 전통적으로 통렌은 자신이 아끼고 사랑하는 사람부터 시작한다. 하지만 자신이 힘든 상황이라면 본인이 느끼는 고통과 비슷한 고통을 가진 모든 사람을 위해 통렌 수행을 할 수 있다. 예를 들어 자신이 부족하다고 느끼면 들숨에 자신을 위해 그리고 자신과 비슷한 상황에 처해 있는 모든 이를 위해 들이마시고, 날숨에 확신과 자신감, 위안 등 본인이 원하는 것을 내보낸다.

4. 연민의 확장

마지막으로 받고 주는 것을 더 크게 만든다. 사랑하는 사람을 위해 통렌을 하고 있다면, 비슷한 상황에 처해 있는 모든 사람에게 확장하라. TV나 거리에서 보았던 누군가를 위해 통렌을 하고 있다면 비슷한 상황에 처해 있는 모든 사람을 위해 해본다. 한 사람에서 시작하지만 점점 많은 사람으로 확장한다. 또한 적으로 생각하는 사람들, 즉 자신에게 상처를 주었거나 다른 사람들에게 상처를 주는 이들을 위해서도 통렌을 할 수 있다. 자신의 친구나 자신과 비슷한 혼란과 집착을 가지고 있는 사람들을 생각하면서 그들을 위해 통렌을 한다. 그들의 고통을 들이마시고 그들에게 위로를 보낸다.

통렌은 무한히 확장할 수 있다. 통렌을 수행하면 할수록 연민은 자연스럽게 확장되고 일체가 생각만큼 견고하지 않음을 자각하게 되는데, 이것이 공성의 일별이다. 통렌 수행을 하면 할수록 예전에는 불가능하게 보였던 상황에서 다른 사람을 위하는 자신을 보며 놀랄 것이다.[1]

물공양

초귤 링빠

도자기나 귀한 재료로 만든 깨지지 않은 그릇이나 병(보병寶瓶) 안에
독에 오염되지 않은 청정한 물을 붓고 자신을 관세음보살로 관상
한다.
띵샤*를 울리고 아귀들이 모였다고 생각한다.

　　허공과 같은 무량한 존재들의 귀의 대상의 화현인 보호주 관세음
보살께 귀의합니다.
　　당신께서 깨달음을 향해 발심하셨듯
　　저 또한 허공을 가득 메운 수많은 존재의 깨달음을 위해
　　성불코자 합니다.

　　모든 존재가 행복하기를 기원합니다.
　　그들이 모든 고통에서 벗어나
　　거룩한 법희法喜와 늘 함께하고,

---

* 불교 의식에 사용되는 불구(佛具) - 옮긴이.

띵샤

평등과 무분별無分別에 머물길 바랍니다.

옴 아 흐리 홍

일면이비一面二臂 관세음보살의 손끝에서 흘러내리는
유백색의 감로수 줄기는
모든 아귀를 만족시킵니다.

이를 관상하며, 옴 아 흐리 홍을 염송하며 그들이 선취善趣에 머문
다고 관상하라.

옴 제바라미단 사르와 프레테뱌 스와하

섭취가 제한된 아귀들이 떠난다고 관상하라.
사용한 물은 버리고 청정한 새 물을 붓는다.
외부와 내부 장애가 있는 모든 아귀가 모인다고 상상해보라.
연민의 마음으로 공성을 숙고하며 이 진언을 염송하라.

나마 사르와 따타가타 아왈로키테 옴 삼바라 삼바라 홍

그들이 헤아릴 수 없는 오감의 기쁨을 누린다고 상상해보라.
손가락을 튕기며 그들이 다른 곳으로 떠난다고 관상하라.
이제 귀한 물질로 만들어진 큰 그릇을 준비하고,

청정수와 음식을 올린다.

　내 앞 허공에 관세음보살과

　존귀한 금강장보살金剛場 菩薩께서

　불보살님들, 본존들, 다키니들과 호법護法들에 둘러싸여 계십니다.

　그 아래에는 악령들과 마장을 일으키는 자들, 육도의 존재들,

　특히 업의 빚을 받으러 온 손님들이 있습니다.

　옴 아 훙

　공성에서 방대한 보병이 나타나

　종자자 붐dhrung*에서 빛이 방사되어

　내 몸이 빛에 녹아드니

　똘마torma**와 감로수의 바다가 되었습니다.

　옴아훙

　내 마음은 일면이비 관세음보살이 되어,

　모든 손님에게 공양물과 똘마를 올립니다.

이렇게 관상하며 삼바라 진언을 염송한다.

---

* 붐과 부름의 중간 발음 – 옮긴이.
** 보릿가루 반죽으로 만든 공양물 – 옮긴이.

나마 사르와 따타가타 아왈로키테 옴 삼바라 삼바라 훙

옴

존귀한 금강장보살

모든 죄장罪障과 장애를 멸하시는 분,

대양과 같은 거룩한 귀의의 주主이신 분이시여

제 몸의 감로 똘마를 받아주소서.

당신의 가피로 죄장을 정화하여주시고,

모든 장애를 제거하고 성취를 내려주소서.

악령들, 장애를 일으키는 자들, 육도의 존재들,

특히 업의 빚을 받으러 온 손님들은

이 오염 없는 청정감로를 즐기십시오.

그리고 모든 업의 빚을 청산하십시오.

당신의 적개심, 악감정, 악의가 정화되기를,

그리고 보리심이 일어나기를 기원합니다.

마침내 공양물을 올려드린 손님들은 더 이상 보이지 않게 되었습
니다.

모두 공성에 쉬십시오.

이를 통해 자량이 완성되고, 죽음을 속이고,

일반적으로는 죄장과 장애가 정화되고

특별하게는 삼보의 재물을 탐한 죄와 업의 빚을 씻을 수 있습니다.

이런 이유로 날마다 부지런히 닦아야 합니다.

여기까지가 존귀한 금강장보살의 공양작법이다.*

---

* 뻬마 걀왕 최최 촉링 떼사르 27권에서 발췌한 '뚤쿠 우걘 린포체'의 구두 가르침이다. 에릭 뻬마 꾼상이 번역했고 마이클 트위드가 나기 곰빠에서 1995년에 편집했다.
© 랑중예세 번역·출판, 1995. 에릭 뻬마 꾼상의 허락을 받아 복제했다.

방생의궤: 방생을 통한 장수와 번영

잠양 켄체 왕뽀

스승님과 초월자유 승리자이신
무량수불께 정례합니다.

성취자인 응아기 왕축 닥빠는 이렇게 말했다.

새, 물고기, 사슴,
도둑, 뱀, 살해될 생명들을 구함으로써,
단명할 운일지라도
장수할 것이다.

위의 내용에서 알 수 있듯이 모든 현교와 밀교의 경궤에서는 모든
장수 수행 중에 죽음을 당할 생명을 구하는 것이 으뜸이라고 가르친
다. 이러한 이유에서 방생은 무량한 이익을 가져오기에, 현명한 사람
들은 방생에 노력을 기울여야 한다.

일반적으로 말해서, 이는 자신이 소유한 동물들의 생명을 자유롭
게 하는 고귀한 마음을 의미한다. 평화롭게 동물들을 돌보며, 직접
살생하지 않으며, 타인에게 판매하지 말아야 한다. 이렇게 선업을 쌓
고 그들의 이익을 염원하는 동안 여러분의 현재 목표가 이루어질 것
이므로 다른 특정한 의식은 행하지 않아도 된다.

만약 좀 더 정교한 형태를 원한다면 장소와 상황, 세부사항에 따

라 동물을 법[佛法]의 수호자로 만드는 것과 같은 초기 경전의 몇 가지 지침을 따를 수 있다. 또는 길상, 회향, 염원이 좀 더 세밀하길 원한다면 기적의 달(첫 번째 달), 여덟째 날, 초승달이나 보름달과 같은 특별한 시간에 하면 더욱 길상할 것이다. 만약 주요 목적이 누군가의 장수라면, 해가 뜰 때 하면 기대수명 증가에 도움이 된다.

어떤 경우든 방생할 생명이 앞에 있다면, 아래의 내용을 세 번 반복하라.

> 불법승 삼보에
> 깨달음을 얻을 때까지 귀의합니다.
> 보시 등을 수행한 공덕으로
> 요익중생을 위해 깨달음을 얻기를 발원합니다.
>
> 일체중생이 행복과 행복의 인因을 갖추길 기원합니다.
> 일체중생이 고통과 고통의 인을 여의기를 기원합니다.
> 일체중생이 고통이 없는 위 없는 행복을 여의지 않기를 기원합니다.
> 일체중생이 행복과 고통에 대한 집착을 여읜 대평등심에 머물기를 기원합니다.

위의 사무량심(자비희사)을 숙고하라. 원한다면 부처님들의 불호나 특정 진언을 염송하라. 이를 여러 번 반복하면 동물들의 심상속心相續*에 해탈의 씨앗을 심게 되는 등 무량한 이익이 있다. 이를 여러 번 할 수 없다면 아래의 내용을 독송하라.

세존 여래 응공 정등각世尊如來應供正等覺 무량광불無量光佛께 정례합니다.

세존 여래 응공 정등각 부동불不動佛께 정례합니다.

세존 여래 응공 정등각 보계불寶髻佛께 정례합니다.

세존 여래 응공 정등각 선명칭길상왕불善名稱吉祥王佛께 정례합니다.

세존 여래 응공 정등각 보월지엄광음자재왕불寶月智嚴光音自在王佛께 정례합니다.

세존 여래 응공 정등각 금색보광묘행성취불金色寶光妙行成就佛께 정례합니다.

세존 여래 응공 정등각 무우최승길상불無憂最勝吉祥佛께 정례합니다.

세존 여래 응공 정등각 법해뇌음불法海雷音佛께 정례합니다.

세존 여래 응공 정등각 법해승혜유희신통불法海勝慧遊戲神通佛께 정례합니다.

세존 여래 응공 정등각 약사유리광왕불藥師琉璃光王佛께 정례합니다.

세존 여래 응공 정등각 석가모니불釋迦牟尼佛께 정례합니다.

옴 마니 빼메 훔 흐리, 나모 라뜨나뜨라야야

나모 바가바떼 약쇼뱌야 따타가탸야

아르하떼 삼막 삼붓다야

데야타 옴 깡까니깡까니 로짜니로짜니

---

* 산스크리트어로 citta-dhra, 영어로는 mindstream. 심리적 활동의 연속, 의식의 흐름을 뜻한다-옮긴이.

뜨로따니뜨로따니 뜨라싸니뜨라싸니 쁘라띠하나쁘라띠하나 싸르
와 까르마 빠람빠라니 니메 싸르와 싸뜨바난까 소하

나마 라트나 뜨라야야 나마 아르야 즈냐냐 사가라 바이로짜나 뷰
하 라자야

따타가타야 아르헤 삼먁 삼붓다야

나마 사르와 따타갸떼뱌 아르하따뱌 삼먁 삼붓다야

나마 아르야 아발로키테슈바라야 보디사트바야 마하사트바야 마
하카루니카야

데야타 옴 다라다라 디리디리 두루두루 이떼 비떼 짤레 짤레 쁘라
짤레 쁘라짤레
쿠스케 쿠스케 바레 이리미리 찌띠 즈와라 마빠나야 소하.

분명하고 큰 목소리로 이를 반복하라. 그런 다음 손에 꽃을 들고
이렇게 독송하라.

내 앞 허공에 무량광불과 둘이 아닌 스승께서 시방十方의 불보살님
들과 진리를 설하는 천신들과 현자들을 비롯한 존귀한 귀의 대상들에

둘러싸여 계십니다.

  그분들은 생생하게 현존하고 경이로운 음성은 길상을 발원합니다. 그분들이 내려주는 꽃비로 저와 시주施主가 이끄는 모든 생명의 수명이 연장되고, 상서로움과 번영, 지혜와 선업, 자량이 증장增長됩니다.

  동물로 환생한 이들은 때아닌 죽음을 면하고 삼보의 보호 아래 평화롭게 살길 바랍니다. 궁극적으로, 그들의 심상속에 깨달음의 씨앗이 무르익으면, 금세 깨닫는 행운을 얻게 될 것입니다.

그러고 나서 이를 관상하며 이렇게 독송하라.

  승리 깃발의 전지한 왕관과 같은
  거룩한 본존께서는 이 수행자들의 정수리를 장엄하시고,
  그들에게 최상의 성취를 내리시는
  비할 데 없는 거룩한 스승님,
  당신의 길상함이 깃들길 기원합니다!

  무상無上의 스승이신 불보佛寶
  무상의 보호주인 법보法寶
  무상의 안내자인 승보僧寶
  귀의처인 삼보三寶의 가피가 깃들길 기원합니다!

무량한 수명, 세간의 인도자引導者,

모든 때아닌 죽음을 극복하고,

보호받지 못하고 고통받는 모든 존재의 보호주,

무량수불의 가피가 깃들길 기원합니다!

보시布施의 힘은 깨달음에 이르게 하고.

보시의 힘을 깨달은 사자인師子人.

대비大悲의 도시에 들어갈 때,

보시 공덕의 기간이 늘어나게 하소서!

지계持戒의 힘은 깨달음에 이르게 하고.

지계의 힘을 깨달은 사자인.

대비의 도시에 들어갈 때,

지계 공덕의 기간이 늘어나게 하소서!

인욕忍辱의 힘은 깨달음에 이르게 하고.

인욕의 힘을 깨달은 사자인.

대비의 도시에 들어갈 때,

인욕 공덕의 기간이 늘어나게 하소서!

정진精進의 힘은 깨달음에 이르게 하고.

정진의 힘을 깨달은 사자인.

대비의 도시에 들어갈 때,

정진 공덕의 기간이 늘어나게 하소서!

선정禪定의 힘은 깨달음에 이르게 하고.

선정의 힘을 깨달은 사자인.

대비의 도시에 들어갈 때,

선정 공덕의 기간이 늘어나게 하소서!

지혜智慧의 힘은 깨달음에 이르게 하고.

지혜의 힘을 깨달은 사자인.

대비의 도시에 들어갈 때,

지혜 공덕의 기간이 늘어나게 하소서!

옴 나모 바갸바떼

아빠리미타 아유르즈냐냐 수비니쉬차이 따떼조 라자야

따타가타야

아르하떼 삼먁 삼붓다야

데야타

옴 뿌네 뿌네 마하뿌네 아빠리마타 뿌네

아빠리미타 뿌네 즈냐냐 삼바로 파치떼

옴 사르와 삼카라 빠리 슛다 다르마 테가가나 사뭇가떼 스와뱌 비

슛데

마하나야 빠리바레 스와하

꽃을 흩뿌리며 이를 최대한 많이 독송하라. 그러고 나서 아래의 내용을 독송하라.

이를 행한 공덕과 삼세三世에 쌓은 공덕의 뿌리가 모여 부처님 가르침이 널리 퍼지고 세상에 무한한 선善을 이루길 발원합니다.

불법을 호지護持하는 거룩한 존재들이 장수하고 변함없으며 불사원만 회향하기를 발원합니다.

시주를 비롯한 저와 모든 중생의 수명과 자량, 번영과 지혜가 증장되길 발원합니다.

이 동물들도 윤회와 악도의 두려움에서 벗어나 곧 귀한 깨달음에 이르길 발원합니다.

이를 발원한 후, 한마음으로 결의를 다지며 이렇게 독송하라.

이 선업으로 모든 존재가
복혜자량福慧資糧 완성하여
성스러운 이신二身* 성취 발원합니다.

---

* 색신(色身)과 법신(法身) ― 옮긴이.

이 선덕善德으로 모두 변지遍知를 증득하여

원적怨敵과 과환過患을 정복하여

생로병사의 거친 물결인

윤회의 바다에서 모든 존재가 자유롭기를 발원합니다.

세세생생世世生生

언제나 삼보 곁을 떠나지 않고

언제나 삼보를 공양하며

삼보의 가피를 받길 발원합니다.

보리심이란 보배 마음

아직 일어나지 않았다면 일어나게 하시고

이미 일으킨 사람은 퇴굴退屈하지 않으며

더욱 증장되길 발원합니다.

이익과 안락의 유일한 원천인

불법이 오래 지속되기를,

불법을 호지하는 이들이 장수하고

승리 깃발처럼 굳건하기를 발원합니다.

세상이 안락하길 기원합니다.

농작물이 풍족하고 가축이 늘어나길 기원합니다.

모든 안락과 선의 원천이 함께하길 기원합니다.

모든 염원이 성취되길 기원합니다.

이번 생에서

모든 역연逆緣이 그치길 기원합니다.

장수와 건강, 번영을 기원합니다.

언제나 안락하기를 기원합니다.

이 복덕福德의 힘으로

시주는 이 생에

권속들과 함께 목표를 성취하고

장애가 없고 길상원만하며

수행성취하길 기원합니다.

이렇듯 회향문과 발원문을 독송한 후, 아래를 독송하라.

승리하는 진리불법眞理佛法의 태양

최고의 승리자이며 위 없는[無上] 부처님의 가지加持로

마장魔障을 조복調伏하여

밤낮으로 길상하기를 발원합니다!

성스러운 진리불법의 감로수

진실되고 위 없는 가르침의 가지로

오독번뇌五毒煩惱가 가라앉아

밤낮으로 길상하기를 발원합니다!

승가공덕僧伽功德 빛의 가지로

승리자 자손[佛子]들의 선행으로

불선행의 허물은 제거되고 선은 늘어나

밤낮으로 길상하기를 발원합니다!

이와 같은 길상문을 독송한 후, 아래를 독송하라.

불멸의 삶을 향유하고

지혜와 통찰이 있으며

윤회와 열반이 화려하고 풍요롭더라도

그들의 길상함이 늘 자연성취되길* 기원합니다.

복덕자량이 높은 산의 왕王만큼 늘어나고 번성하기를 기원합니다.

명성이 허공에 가득 퍼지길 기원합니다.

무병장수하고, 계속해서 타인들을 이롭게 하길 기원합니다.

비할 바 없는 큰 바다[大海]의 길상이 함께하길 기원합니다.

이곳에 아침저녁으로 평화와 행복이 깃들기를,

그리고 한낮에도 평온하고 행복하길 기원합니다.

매일 밤낮으로 평화와 행복이 함께하고

---

* 티벳어: ལྷུན་གྲུབ / 와일리 표기: lhun grub, 훈둡(lhundrup)이라 발음된다. 자재(自在)라고도 번역되고 영어는 주로 spontaneously present로 표현된다.

삼보의 길상이 늘 함께하시길 기원합니다.

옴 예 다르마 헤뚜 쁘라바와 헤뚠 떼샴 따타가또 햐바닷 떼샴 짜요
니로다 에밤 바디 마하슈라마나 스바하

이를 독송하며 꽃을 흩뿌려 평화와 선을 이루어라. 다른 장수 수행
법본들에 "여러분이 구해준 동물들의 이마에 해와 달을 표시하면 앞
으로 살해되지 않을 것"이라고 나와 있다. 원한다면 이를 행하라. 그
들의 이마에 버터로 해와 달을 그리면 상서로운 인연과 행운이 생기
게 된다.

뿐만 아니라 덫이나 어망 등을 자제하며 새, 물고기, 사슴 등을 구
할 때 위에 언급한 발보리심과 회향, 발원을 포함하라. 이를 훈연공
양과 함께 하면 그 이익은 방생의 예와 같이 무량할 것이다.

특히 이 수행을 하는 지역에서는 계절에 따른 적절한 비, 풍작과
가축의 번성 등과 같이 많은 길상한 징후들이 나타날 것이다. 존귀한
나가르주나[龍樹]는 「보만론寶鬘論」에서 이렇게 말씀하셨다.

현명한 사람들은 항상 개미집 입구에 음식과 물, 식물성 기름이나
곡물 더미를 놓아야 한다.

따라서 개미에게 음식을 주거나, 물고기에게 깨끗한 먹이를 주거
나, 병자에게 약을 주거나, 아이들을 위해 잔치를 베풀거나, 새와 궁
핍한 사람들에게 음식과 음료를 줄 때, 이 모든 것은 보리심의 수승

한 방편과 헌신과 발원으로 행해야 한다. 이렇게 하면 때아닌 죽음을 피하고 풍요로워지며, 궁극적으로 위대한 깨달음을 얻는 인연이 될 것이다. 이것은 행하기 어렵지 않으며 헤아릴 수 없는 이익을 가져다준다. 모든 지혜로운 이는 다양한 방법으로 자량의 집적을 위해 이 수승한 방편을 계속해야 한다.

✳

이 의궤는 나와 남을 모두 이롭게 하기 위해 청정한 동기로 피타카 보살을 공경하는 잠양 켄체 왕뽀*가 쓴 글이다. 가르침을 호지하는 거룩한 이들이 백겁 동안 머무는 인囚이 되고, 일체중생이 때아닌 죽음의 공포로부터 해방되며, 그들이 곧 무량수불의 경지에 도달하기를 기원한다.

　사르바 망갈람(모두가 행복해지기를).

* 여기에 언급한 공덕을 진실로 구현한 쟈델 린포체의 명에 따라 에릭 뻬마 꾼상이 번역했고 마르샤 빈더 슈미트와 미셸 트위드가 편집했다. 2003년에 교정 및 재인쇄되었다. 2000년 © 랑중 예셰 번역·출판. 랑중 예셰 번역·출판의 친절한 허가 아래 '뻬마까라'에서 인쇄와 편집을 했다. 에릭 뻬마 꾼상의 허가 아래 복제했다.

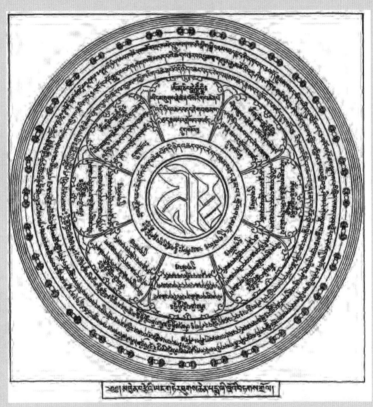

오온의 자연해탈. 연화부의 적정존과 분노존

딱돌: 정맹백존 차크라를 몸에 지님을 통한 오온의 자연해탈 연화부의 적정존과 분노존

켄뽀 소남 따시 지음, 켄뽀 소남 푼촉 영어 번역

앞의 그림 '몸에 지니거나 착용함을 통한 해탈'의 이름은 '뻬마 시토 딱돌Padma Shitro Tagdrol(연화적분패대해탈蓮花寂忿佩戴解脫)'이다. 이는 뗄마Terma*이며 뗄뙨Tertön**인 니마 셍게가 발견했고, 이후 뻬마 외쎌 동악 링빠(잠양 켄체 왕뽀)가 재발견했다.

사자가 불자든 아니든, 가족들이 시신에 딱돌을 놓아 사자를 돕기를 원한다면 그들은 '뻬마 시토 딱돌'이 필요할 것이다. 일반적으로 축원된 딱돌은 수행하는 불자나 사원에서 구할 수 있다. 대안으로는 이 딱돌을 복사하여 켄체 린포체의 지침에 따라 축원할 수 있다.

딱돌은 반드시 정사각형으로 접어 깨끗한 천으로 싸서 여법하게 축원한 다음 시신의 심장 중앙에 놓고 고정해야 한다. 화장할 때에도 시신 위에 둔다.

이 딱돌은 오직 죽은 자만을 위한 것이 아니다. 살아 있을 때 머리나 목에 걸 수 있다.

딱돌을 지니면 이 생에서의 질병과 번뇌, 불선행의 허물이 정화되고, 수명과 자량, 번영, 지혜가 증장된다. 다음 생에는 아미타불의 극락정토에 환생할 것이다. 이를 착용하는 사람은 해탈의 씨앗이 심어

---

* 파드마삼바바께서 시대와 근기에 맞게 숨겨놓은 가르침들이다. 보장(寶藏)이라고도 한다—옮긴이.

** 보장을 발견하는 사람을 일컫는다—옮긴이.

진 이 딱돌을 만짐으로써 자유를 얻는 이익을 누릴 것이다. 이 외에도 많은 이점이 있다.

Q 딱돌을 착용한 이가 죽으면 이 딱돌을 어떻게 해야 하나?

A 죽은 이가 수행자라면, 딱돌을 심장 중앙에 놓고 함께 화장하라. 은멸차제는 84시간이 지나야 완결되므로 이 시간 동안 사자의 의식은 심장에 남아 있다. 그래서 사망 후 적어도 84시간 동안 시신을 움직이거나 화장하지 않는 것이 좋고, 불선업을 정화하는 수행이 매우 중요하다. 정맹백존靜猛百尊의 출현, 바르도 상태의 소리와 빛이 마음의 투사임을 알려주라. 그리고 포와(의식천이意識遷移)를 하라.

딱돌 만드는 방법

만약 선원, 법사, 수행자가 딱돌을 만들어 타인을 돕기를 원한다면, 이 책에 실린 딱돌을 복사하라. 축원된 가피환을 사프란 물에 충분히 담근 후, 그 물을 종이 위의 딱돌 이미지에 바른다. 그런 다음 딱돌의 중앙을 구기지 않고 바르게 접는다.

1. 용지의 오른쪽을 오른쪽에서 왼쪽으로 세로로 접는다.
2. 용지의 왼쪽을 세로로 왼쪽에서 오른쪽으로 접는다.
3. 용지의 아래쪽 부분을 수평으로 위로 접는다.
4. 용지 상단을 아래로 접는다.

모든 접힌 부분은 정사각형이 되어야 하며 다섯 가지 색상의 천이나 실로 감싸야 한다.

딱돌을 축원한 뒤 상자에 넣어 보관하다가 필요할 때 꺼낸다.

Q 이 책이 만들어지는 동안 종사르 켄체 린포체는 이런 질문을 받았다. 법사의 도움 없이 딱돌을 축원할 수 있을까?

A 린포체는 이렇게 답했다. "만약 자격을 갖춘 법사가 축성한 딱돌을 구할 수 있다면 이를 사용하라. 그렇지 않다면 밀교 수행자에게 사다나(성취법)를 수행하여 딱돌의 사본을 축원해달라고 요청하라. 사다나에는 본존들께 수행을 돕기 위해 머물러주시길 요청하는 기도문이 포함되어 있기 때문에 어떤 사다나라도 좋다. 이 경우, 밀교 수행자는 본존들께 이 복사된 딱돌에 머물러주십사 청을 드린다. 이렇게 하고 나서 딱돌을 사용할 수 있다."

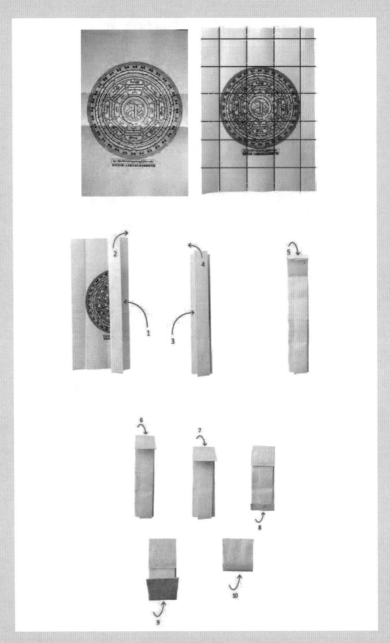

딱돌 접는 방법

짜짜

짜짜 만드는 방법

땅통 똘쿠

짜짜는 수세기에 걸쳐 많은 전통과 방법이 발전해왔지만, 다음은 짜짜를 만드는 가장 간단하고 쉬운 방법 중 하나다.

1. 짜짜의 틀(금형)을 사거나 만들기

실리콘으로 만들어진 기성품 짜짜의 틀을 쉽게 살 수 있으며, 아래 링크에서 여러 모델을 볼 수 있다. www.nalanda-monastery.eu/files/workshop/2016Catalog.pdf.

만약 특정한 짜짜를 만들고 싶다면 전문가에게 실리콘 틀을 의뢰할 수 있다. 금형 제작자는 의뢰받은 틀을 만들기 위해 예시가 필요할 것이다. 전통적으로 짜짜의 틀은 숙련된 조각가가 금속이나 나무, 점토로 만든다.

짜짜나 불상의 복제를 원하거나, 사이즈를 크거나 작게 만들고 싶다면 3D 인쇄 회사에서 만든 3D 프린트를 사용할 수 있다. 3D 프린터는 짜짜나 불상을 스캔한 다음 필요한 크기로 인쇄한다. 인쇄 화질이 충분히 높은지를 확인하는 것이 좋다. 인쇄 화질은 25-마이크론 또는 50-마이크론 수지 SLA 인쇄가 좋다. 3D 프린트가 끝나면 전문 실리콘 금형 제작자에게 고품질 실리콘 고무를 사용하여 틀을 만들어달라고 요청하라.

2. 복장

짜짜에는 복장腹藏(티벳어 གཟུངས zung 숭/와일리 표기 Gzungs/범어 dhāraṇī)이 포함되어 있다. 이를 만들기 위해 프린트하거나 종이 위에 이 짜짜와 연관된 진언을 쓴다. 가장 빠른 방법은 A4용지에 진언을 인쇄한 다음 가늘게 자르는 것이다. 따뜻한 물에 충분히 우린 사프란 물로 진언이 적힌 종이에 칠한 후 말린다. 종이는 짜짜에 들어갈 수 있을 만큼 작아야 한다.

진언이 쓰인 종이를 단단히 말아 진언의 상단 끝부분에 표시하면 짜짜에 올바른 방향으로 넣을 수 있다. 전통적으로 빨간색 물감이 사용되지만 빨간색 펠트펜이나 볼펜 또는 연필을 사용할 수도 있다.

짜짜가 본존인 경우 복장은 심장 높이에 위치해야 하고, 탑을 상징하는 경우에는 중앙에 놓아야 한다.

3. 재료와 도구 수집

합성석고나 치과석고

고품질의 석고를 사용하는 것이 가장 좋다. 건설용 석고는 저렴하지만 쉽게 금이 가고 깨져서 추천하지 않는다.

계량기

계량기는 정확한 양의 석고와 물을 사용하는지 확인하는 데 사용된다. 양은 석고의 품질에 따라 다르므로 사용설명서를 참고하여 섞도록 하자.

석고 혼합기

석고 혼합기는 건조한 석고와 물을 혼합하기 위한 특별한 기계다. 원한다면 전동드릴을 사용할 수 있다.

바이오에탄올, 아세톤

바이오에탄올이나 아세톤은 석고와 실리콘 사이의 장력을 풀어 기포를 방지하는 데 도움이 되기 때문에 석고로 채우기 전에 틀에 뿌리는 경우가 많다.

분무기

바이오에탄올이나 아세톤을 틀에 분사하려면 분무기가 필요하다.

붓

석고를 부은 후 틀에서 거품을 털어내려면 작고 부드러운 붓이 필요하다.

가피환

따뜻한 물에 약간의 가피환加被丸(감로환甘露丸)을 담근 다음 물과 섞기 전에 마른 석고를 약간 더한다. 소량만 필요하므로 너무 많이 넣지 않도록 주의한다.

칠하기

아크릴 물감은 물에 잘 녹고 사용하기 쉽기 때문에 짜짜를 칠하는 데 유용하다.

제습기

정원이나 테라스가 있다면 짜짜를 볕에 말릴 수 있다. 외부에 둘 수 없다면 짜짜를 놓아둔 방에 제습기를 틀어 완전히 건조시켜야 한다.

공기 압축기, 에어건, 페인트건

에어건은 다음 짜짜를 만들기 전에 실리콘 틀이 완전히 깨끗한지 확인하기 위해 사용된다. 페인트건이 있다면 석고가 마른 다음 칠할 수 있다.

목재 접착제(인도의 피비콜)

손상된 짜짜는 목공 접착제 한두 방울, 소량의 물, 석고를 섞어서 수리할 수 있다.

4. 짜짜 만드는 과정

도구와 재료가 구비되었다면 짜짜를 만들 수 있다. 원한다면 금강살타 백자진언, 옴마니빼메훔, 연기진언緣起眞言과 같은 진언을 염송한다.

금강살타 백자진언

옴 벤쟈 사또싸마야 마누빨라야

벤쟈 사또 뗴노빠 띠따띠노

메바와 수또카요 메바와

수뽀카요 메바와

아누락또 메바와

싸르와 씨뗌 메쁘라야짜

싸르와 까르마 수짜메

찌땀 시리야 꾸루훔 하하하하호

바가완 싸르와 따타가따

벤쟈 마메문쟈 벤쟈 바하 마하 쌈마야 사또 아

연기진언

옴 예 다르마 헤뚜 쁘라바와 헤뚠 떼샴 따타가또 햐바닷 떼샴 짜요
니로다 에밤 바디 마하슈라마나 스바하

분무

틀 내부에 바이오에탄올 또는 아세톤을 분무한다. 붓으로 틀 내부의
표면 전체를 부드럽게 솔질한다. 표면은 반짝여야 하며 젖으면 안
된다.

측정

건조 석고 사용지침서에 따라 마른 석고와 물의 양을 정확하게 측정
한 다음 가피환을 녹인 가피수를 조금 넣어준다.

원한다면 사자의 유골 가루를 마른 석고와 물과 섞으면서 금강살
타 백자진언, 옴마니뺴메훔, 연기진언을 염송하라.

혼합

약 30초 동안 완벽하게 섞어야 한다. 석고가 굳는 데 몇 분밖에 걸리지 않기 때문에 빠르게 해야 한다.

붓기

석고를 짜짜 틀에 붓고 기포를 제거한다. 작은 붓을 사용하여 석고에서 기포를 제거하라.

복장

석고가 굳기 전에 복장을 모신다.

기억할 것

짜짜가 본존인 경우 복장은 심장 높이에 위치해야 하고, 탑을 상징하는 경우에는 중앙에 놓아야 한다. 복장을 짜짜 안으로 누른 후, 표면으로 다시 떠오르지 않도록 주의하라.

틀에서 짜짜 꺼내기

짜짜를 틀에 40분 동안 그대로 두어야 할 때도 있지만, 10분 안에 마를 수도 있으므로 계속 주시해야 한다. 석고가 마르는 데 걸리는 시간은 사용하는 석고의 품질에 따라 다르다.

이제 틀에서 짜짜를 조심스럽게 꺼낸다.

건조

손상된 부분을 매만지기 전에 약 30분 동안 짜짜를 건조한다.

기포로 손상된 부분 수정하기

짜짜의 표면에 기포가 보인다면, 목공 접착제 한 방울을 소량의 물과 함께 석고에 섞은 후, 작고 부드러운 붓을 사용하여 복구한다. 혼합물이 빨리 굳으므로 최대한 서둘러 작업을 해야 한다. 이런 이유로 한 번에 많은 석고를 섞지 않는 것이 좋다.

계속 만들기

다시 사용하기 전에 에어건으로 틀 내부를 청소하고 바이오에탄올이나 아세톤을 도포한다. 첫 번째 짜짜들이 마르면 위의 단계를 반복한다.

짜짜가 완전히 건조되었는지 확인하라

짜짜는 색을 칠하기 전이나 탑에 안치하기 전에 완전히 건조되었는지 잘 확인해야 한다. 짜짜가 축축하면 곰팡이가 잘 생긴다.

짜짜를 말리는 가장 쉬운 방법은 볕에 며칠 동안 놔두는 것이다. 만약 그럴 수 없다면, 방 안에 문과 창문을 닫고 짜짜가 마를 때까지 며칠 동안 제습기를 켜둔다.

짜짜 도색하기(선택사항)

짜짜가 완전히 마르면 색을 칠할 수 있다. 소량만 만들었다면 손으로 칠하고, 많이 만들었다면 페인트건을 사용하는 것이 훨씬 빠르다.

아크릴 물감은 주변 온도와 기상 조건에 따라 달라지기 때문에 건조 시간을 예측하기 어렵다. 본인이 사는 곳의 날씨가 습하고 추우면 시간이 훨씬 더 오래 걸릴 것이다.

몇 가지 조언

필요한 틀의 수는 짜짜를 만드는 데 필요한 시간, 만들고자 하는 갯수, 과정에 참여하는 사람 수, 보관할 공간 등에 따라 달라진다.

실리콘은 그 자체로는 달라붙지 않기 때문에 짜짜를 꺼낸 후 틀을 세척할 필요가 없다.

실리콘 고무 틀은 탄화수소(휘발유, 오일, 가스 등) 또는 강한 산이나 화학물질과 접촉할 경우 손상될 수 있다.

틀 내부에 석고가 달라붙은 경우 에어건을 사용하여 세척한다.

그리고 이제, 죽음의 시간에, 나의 장이 움직인다—

세상의 주主에게 바치는 공양물이다.[2]

잇큐(一休禪師, 1394~1491), 기행을 일삼았던 승려

역자 후기

원하든 원하지 않든 받아들여야만 하는 것 중 하나가 있다면 죽음일 것이다. 태어나는 순간부터 우리는 죽음을 향해 나아가고 있다. 만약 죽음이 두렵다면, 그 이유 중 하나는 그것이 무엇인지 잘 모르기 때문일 것이다. 어떤 이는 너무 두려워서 아예 알아보고 싶지도 않을 것이다. 그것을 연습해볼 수 있다면 실제 찾아왔을 때 조금은 덜 두렵지 않을까? 나와 대화를 나누었던 사람이 내일 나와 함께이지 않다면 어떤 기분이 들까? 내 머리를 빗겨주시던 할머니가 저 자리에 계시지 않다면?

죽음이란 무엇인가? 생로병사는 무엇인가? 골똘한 생각은 나를 불면의 밤으로 초대했다. 죽음은 나에게도 올까? 나도 죽을까? 죽음에 대한 개념조차 없었던 철없던 어린 시절이 그립기도 하다. 죽음과 사후에 관해 잘 쓰여 있는 『티베트 사자의 서』를 여러 차례 읽었다.

죽음에 대한 숙고는 삶과 죽음을 마주하는 시각에 많은 영향을 끼쳤다. 그러던 중 종사르 켄체 린포체의 *Living Is Dying*을 읽게 되었다. 이 책은 나에게 표지판이자 망망대해의 등대와도 같았다. 배를 타려면 승차권이 필요하듯, 사후를 잘 보내려면 자량이 필요한 것 같다. 린포체는 평상시에 그 자량을 쌓을 수 있는 많은 방편에 대해 친절하고 자상하게 설명해주었다. 그 방편들은 결코 어렵지가 않으니, 꼭 시도해보길 바란다.

이 책은 불자들에게 많은 도움이 되지만, 불자가 아닌 분들이 읽어도 정말 유익한 내용이 가득하다. 린포체는 비불자들이 읽어도 좋을 만큼 현대적이고 쉬운 말씀으로 풀어 쓰셨다. 나도 최대한 린포체의 뜻을 따르고자 노력했다. 그럼에도 어쩔 수 없이 쓸 수밖에 없는 용어들은 옮긴이주를 달아 따로 표기했였다. 특히 족첸 용어들이 그러하다. 『일본 죽음의 시』에서 인용한 시들은 정확도를 높이고자 일본어 원문을 찾아 참고했다.

이 책의 출판을 흔쾌히 허락해주신 도서출판 팡세의 이춘호 대표님과 번역 과정에서 도움을 준에밀리Emily, 지미Jimmy, 빅터Victor, 이유라 님 그리고 특히 허정훈 님께 고마움을 전한다.

내가 이 책을 읽고 도움을 받았던 것처럼 이 책이 많은 분에게 도움이 되었으면 좋겠다.

사르바 망갈람!

참고문헌

『티벳 사자의 서』『밀교의 성불원리』『위대한 스승의 가르침』『프리스틴 마인드』『붓다의 길 위빠사나의 길』『입보리행론』, *Brilliant moon*, *Highest Yoga Tantra*, 릭빠 위키

나는 왜 주저하는가?
내게는 여행허가증이 있다.
아미타 부처님에게 받은.
_ 카라이

삽화 목록

https://commons.wikimedia.org/wiki/File:Gelada_Baboon_male.jpg. CC BY-SA.

105 육도(六道), 아수라, 5백 아라한. 두루마리 31과 32. 아서 M. 새클러 갤러리, 스미스소니언 협회, https://commons.wikimedia.org/wiki/File:The_Six_Realms,_Warring_Spirits,_Five_Hundred_Arhats,

106 구름을 바라보다. 2016년 Arjun Kaicker 작품. https://www.saatchiart.com/art/Painting-Cloud-Gazing/805996/2910167/view.

109 최후의 심판. 1904년 Viktor Vasnetsov 작품. http://goskatalog.ru/portal/#/collections?id=1487274.

113 지켜보고 있는 망자의 혼. 1892년 Paul Gauguin 작품. (Albright-Knox Art Gallery, Buffalo, NY, A. Conger Goodyear Collection, 1965).

136 '당신의 시간이 가고 있다…' 2018년 Andreas Schulz 작품.

140 '아촉불' 제17대 까르마빠 오갠 틴레 도제. http://kamalashila.de/en/institute/karma-kagyu/.

141 민돌링 금강살타. 19세기. 면 위에 미네랄 염료. 루빈 뮤지엄 소장.

190 성모 마리아. 사진가: Atreyu. 독일 자를란트주, 성 웬델의 마르핑겐에 위치한 천주교 교구 성당의 성모 마리아. https://de.wikipedia.org/wiki/Datei:Marpingen_Maria_Himmelfahrt_Innen_Schutzmantelmadonna.JPG. CC BY-SA.

주석

서문

1. 무라카미 하루키, 『노르웨이의 숲』 중에서.

1. 나는 죽을까?

1. 플라톤, 『다섯 대화』 중에서.
2. 장자. 본명은 장주(莊周), 자는 자휴(子休)다. 전국시대 송나라 몽 출신으로, 제자백가 중 도가(道家)의 대표적인 인물이며 맹자와 동시대에 살았다고 전해진다. 한때 칠원리(漆園吏)라는 말단 관직에 있었으나 평생을 가난하게 살았다. 저서로 도교의 중요한 문헌 중 하나인 『남화전경(南華傳經)』이 있다. https://www.britannica.com/biography/Zhuangzi.에서 발췌.
3. 요엘 호프만 엮음, 『일본 죽음의 시』(Japanese Death Poems). 죽음의 문턱에 선 선승들과 하이쿠 시인들의 시. 2018년 터틀 출판사.
4. 나가르주나(龍樹)의 『친우서』 중에서. (빼마 까라 번역그룹 번역. 2013년 스노우 라이언 출판)

2. 죽음과 사후를 위한 준비

1. 『열반경(涅槃經)』, 소걀 린포체의 *The Tibetan Book of Living and Dying* (1992년 런던: 라이더 출판) 중에서.
2. E. M. 포스터의 『하워즈 엔드』 중에서
3. 딜고 켼체 린포체 『번뇌를 몰아내는 현자: 보호주인 문수사리, 스승으로부터의 조언』 2008년 '로짜와'에서 번역 및 출판. 성문승을 위한 9승(乘)에 관한 가르침을 '캽곤 팍촉 린포체'가 편집한 모음집. 2016년 로짜와 하우스 재편집.
4. 육도에 대한 설명을 더 보려면 아래를 참조하라.

http://www.rigpawiki.org/index.php?title=Six_classes_of_beings

5. 사법인(四法印), 종사르 켄체 린포체의 *What Makes You Not a Buddhist* (1998 샴발라 출판). 국내에서는 『우리 모두는 부처다』(도서출판 팡세)로 출판되었다.

6. 범어 삼보 예찬문

7. 범어 삼귀의(三歸依)

8. 릭빠 번역그룹에서 번역한 전통적인 귀의문이다. 다른 귀의문을 보려면 다음 웹사이트를 참고하라.
   https://www.lotsawahouse.org/tibetan-masters/jamyang-khyentse-wangpo/sixteen-arhats.

9. 샨티데바 「입보리행론 2:26」

10. 범어로는 옴 사르와 타따갸타 파다 반다남 카로미.

11. 샨티데바 「입보리행론 3:23-24」

4. 불자가 죽음을 준비하는 방식

1. 1360년 77세에 입적한 일본 선승 '코잔 이치쿄'가 좌탈 자세로 지은 생의 마지막 시.『일본 죽음의 시』.

2. 빠뚤 린포체(Patrul Rinpoche) 지음, 빼마까라 옮김『위대한 스승의 가르침』

3. '쵸감 트룽빠 린포체' 옮김『지혜의 비』1999년 샴발라 출판.

5. 발원 수행

1. 『카비르의 노래: 44개의 시』1993년 비콘 출판.

2. 『일본 죽음의 시』

3. 『일본 죽음의 시』

4. 범어: 옴 암리타 떼제 하라 훔.

5. 샨티데바 「입보리행론 3:18-22」

6. 고통스러운 죽음의 바르도

1. 『일본 죽음의 시』

2. 브래들리 다우든, '시간', 인터넷 철학 백과사전, N. D., 2019년 5월 19일 접속, http://www.iep.utm.edu/time/#H3.

8. 죽어가는 이와 함께하는 방법

1. 『일본 죽음의 시』
2. 까르마 링빠의 『적정존과 분노존, 자기해탈 지혜마음의 심오한 가르침』에 바르도 퇴돌(바르도에서 들음으로 해탈. 국내에서는 『티베트 사자의 서』로 알려져 있다)이 포함되어 있다.

9. 임종을 준비하는 이에게 해줄 말

1. 범어 삼보 예찬문
2. 범어 삼귀의(三歸依)
3. 릭빠 번역그룹에서 번역한 전통적인 귀의문이다.
4. 샨티데바 「입보리행론 2:26」

11. 죽어가는 자와 사자를 돌보는 것에 대한 질문

1. 『일본 죽음의 시』

12. 사후에 무엇을 해야 할까

1. 수행 없이 깨닫는 다섯 가지 방편: 봄으로 깨닫고, 들음으로 깨닫고, 맛봄으로 깨닫고, 만짐으로 깨닫고, 사유하여 깨닫는다. 출처: 릭빠위키
   https://www.rigpawiki.org/index.php?title=Five_practices_of_enlightenment_without_meditation.

14. 죽음의 여러 측면에 대한 질문

1. 샨티데바 「입보리행론 6:21」

15. 밀교 수행자들을 위해

1. 『일본 죽음의 시』

기도문과 수행

1. 이 가르침은 2017년 11월 9일 라이온스 로어 웹사이트(www.lionsroar.com/how-to-practice-tonglen/)에 게재되었다. 뻬마 최된과 라이온스 로어의 허락을 받아 이 책에 실었다.
2. 『일본 죽음의 시』

켄체 만다라 종사르 켄체 린포체의 불사 소개

싯다르타즈 인텐트SIDDHARTHA'S INTENT

부처님의 가르침을 보존하기 위해 1989년 종사르 잠양 켄체 린포체에 의해 설립된 국제 불교 신행 단체다. 법회와 안거를 주관하고 녹취된 법문을 기록·보관·배포하며, 불서와 법본 번역, 지속적인 공부와 수행에 전념하는 단체를 수립하는 것을 통하여 린포체의 전법을 지원한다. 또한 싯다르타즈 인텐트는 특정 문화와 전통을 넘어 불교의 정수를 이해하고 자 노력하는 수행 단체다. 한국에도 2015년 린포체의 가피 아래 '싯다르타즈 인텐트 코리아'가 설립되었다.

켄체 재단Khyentse Foundation

2001년 모든 전통의 불교 공부와 수행을 후원하는 단체로 종사르 켄체 린포체에 의해 설립된 비영리 단체다.
설립 이후, 40개국 이상에 불교단체와 개인을 후원해왔으며, 전 세계 많은 사람의 삶에 직접적인 영향을 끼쳤다.
주된 활동은 불교 경궤의 보존과 역경 프로젝트, 아시아 지역의 전통 강원 후원, 전 세계를 대상으로 장학금 및 공모 프로그램 주관, 주요 대학의 불교 연구 지원, 법사 양성, 어린이를 위한 불교 교육, 개인적인 공부와 안거 지원 등이다.
켄체 재단과 종사르 켄체 린포체의 불사는 khyentsefoundation.org.를 참고하라.

불설 전승 역경 84000Translating the Words of the Buddha 84000

부처님의 모든 가르침을 현대 언어로 번역하여 모든 사람이 볼 수 있도록 하는 비영리 단체다.

로터스 아웃리치LOTUS OUTREACH

개발도상국의 취약계층인 여성과 아동의 교육, 건강 및 안전을 보장하기 위해 노력하는 비영리 단체다.

모나스틱스MONASTICS 강원/사원 후원

인도, 티벳, 부탄의 여러 사원과 강원을 후원하고 있다.

미들웨이 에듀케이션MIDDLE WAY EDUCATION

미국에 위치한 유치원으로, 교육의 주된 목적은 불교의 지혜 전통에 뿌리를 둔 포괄적인 교육 모델을 개발하고, 전 세계에 불교 학교를 설립하고, 기존의 학교를 재정립하는 데 도움을 주는 것이다.

디어 파크 연구소DEER PARK INSTITUTE

고전적인 인도의 지혜 전통을 연구하는 센터다. 싯다르타즈 인테트 산하 프로젝트 중 하나로 2006년 3월에 설립되었다.

평화 보병 프로젝트PEACE VASE PROJECT

우리 지구에 평화, 화합, 안녕을 복구하기 위한 글로벌 프로젝트로 딜고 켄체 린포체의 염원에 의해 시작되었다. 종사르 켄체 린포체는 이 프로젝트를 인수하여 6,200개의 기도문과 성물이 든 보병을 땅에 묻겠다는 서원을 했다.

로몬 소사이어티LHOMON SOCIETY

부탄의 삼둡 종카 지역에서 시작하여 부탄과 그 너머의 모델로서, 국민의 진정한 행복을 위한 발전과 지식, 원칙, 가치와 수행을 육성하기 위해 만들어진 단체다.